Sophie Fontanel
Das Verlangen

Sophie Fontanel

Das Verlangen

Wie ich mir eine sexuelle Auszeit nahm –
und die Lust neu entdeckte

Aus dem Französischen von
Svenja Geithner

KAILASH

Die französische Originalausgabe erschien 2011 unter dem Titel
»L'envie« bei Éditions Robert Laffont, S.A., Paris.

MIX
Papier aus verantwortungsvollen Quellen
FSC® C014889

Verlagsgruppe Random House FSC-DEU-0100
Das für dieses Buch verwendete FSC®-zertifizierte Papier
EOS liefert Salzer Papier, St. Pölten, Austria.

1. Auflage
Deutsche Erstausgabe

Lektorat: Antje Steinhäuser
Umschlaggestaltung: WEISS WERKSTATT MÜNCHEN
unter Verwendung eines Bildes © plainpicture
Satz: EDV-Fotosatz Huber/Verlagsservice G. Pfeifer, Germering
Druck und Bindung: Friedrich Pustet, Regensburg
Printed in Germany
ISBN 978-3-424-63057-2
www.kailash-verlag.de

Über einen längeren Zeitraum hinweg, von dem ich hier eigentlich weder sagen möchte, wann er genau begann, noch, wie viele Jahre er umfasste, habe ich in dem vielleicht verwerflichsten Zustand der Gehorsamsverweigerung unserer Epoche gelebt, nämlich ohne Sexualleben. Wobei dahingestellt sei, ob dies wirklich die passende Formulierung ist, wenn man bedenkt, welch ungeheures Maß an Sinnlichkeit diese Jahre begleitete; Jahre, in denen sich meine Erwartungen allein in meinen Träumen erfüllten – aber was für Träumen! – und in denen ich mich rein in Gedanken näher auf gewisse Dinge einließ – aber was für Gedanken!

Heute ist mir bewusst, wie erfüllt mein Leben seinerzeit war. Es war in keiner Weise belanglos. Im Gegenteil, es war reich, perfekt zugeschnitten auf meine Person. Und doch war nichts einfach, und diese Worte, die ich hier schreibe, wären mir einst schwer wie Blei aus der Feder geflossen, so sehr konnte ich mich zuweilen für meine Eigenartigkeit schämen, denn ich war Schlimmeres als einfach nur anders. Wir alle wissen, dass selbst die Leute, die anders sind, ein Sexualleben haben, das dieser Bezeichnung würdig ist; Dinge, die sie vorweisen, persönliche Desaster, zu denen sie sich bekennen können. Ganz anders hingegen wir, die Einzelgänger, gewaltfreie Armee, grausam gegen niemand anderen als sich selbst, zahlenmäßig nicht definierbarer, da totgeschwiegener Teil der Bevölkerung – wir wissen instinktiv, dass reden bedeutet, der Welt das preiszugeben, wodurch wir uns noch weiter ins soziale Abseits katapultieren. Es bedeutet, bewusst in Kauf zu nehmen, dass man über uns jene Dummheiten kolportiert, die verbunden sind mit dem, was nicht offen zu erkennen ist. Und es bedeutet, dass wir in den Augen der anderen zu Sündenböcken werden, die ihnen dazu dienen, sich in folgendem Punkt abzusichern: Wie willkürlich ihre fleischlichen Genüsse auch sein mögen, erbringen wir doch durch unser konkret greifbares Außenseitertum den Beweis, dass ihr Weg, das Thema anzugehen, immer noch besser ist als nichts.

Über dieses Nichts, das für mich so heilsam war und aus dem ich ungeahnte Kräfte schöpfen gelernt habe, über das, was eine zärtliche Geste für jemanden bedeutet, der keine Liebkosungen mehr erfährt und der wahrscheinlich auch niemandem mehr welche zuteilwerden lässt, über die anschwellende Obsession im Innern, von der man so treffend bemerkt, dass sie einem zu Kopfe steige, über die resignierte Menge, die ich gewahre, diese Menschen, die ich in Sekundenschnelle identifiziere und für die ich so eine innige Zuneigung empfinde, wollte ich ein Buch schreiben.

I

Die Ellbogen aufgestützt auf den Sicherungsbügel des Sesselliftes, der mich emportrug zu jenem Ort, den ich im Geiste bereits vor mir sah – blauer Himmel, sich auflösende Nebelschwaden, ein Stück Haut, das man von der Milch entfernt –, betrachtete ich die Tannen, die Bergkämme, die makellos weiße Weite, und ich dachte: Diesen Frieden wünsche ich mir für mich selbst auch. Diese Sache, deren wertvolle Wirkung ich doch immerhin erprobt hatte – ich meine jenes unübertroffene Gefühl, dass beim Sex alles von einem abgespült wird –, nun, die interessierte mich nicht mehr. Ich konnte es nicht mehr ertragen, dass man mich packt und schüttelt. Ich konnte es nicht mehr ertragen, alles mit mir machen zu lassen. Ich hatte zu oft Ja gesagt. Hatte ignoriert, dass mein Körper nach Ruhe verlangte.

Als er begriff, dass ich nicht auf ihn hörte, machte dieser Körper sich deutlicher bemerkbar. In letzter Zeit, vor diesem Wintersporturlaub, hatte sich ein immer radikalerer Widerstand in mir geregt. Bei meinen intimen Begegnungen sträubte sich jede Faser meines Wesens, ohne dass ich dagegen auch nur das Geringste vermocht hätte. Ich schaffte es nicht mehr, meine verkrampften Fäuste zu lösen, es kostete mich Mühe, meine Hand auf den Laken zu öffnen, zumal sie sich ohnehin alsbald wieder zur Faust zusammenballte. Seit Wochen war ich genötigt, rundheraus Nein zu sagen zu dem, was mein Geliebter vorschlug. Er begann allmählich, die Geduld zu verlieren. Ich zwang mich. Dieser Geliebte glaubte, dass ich mich hingab, während ich das Ganze einfach nur über mich ergehen ließ. Er glaubte, ich würde kapitulieren, während ich doch einzig nach einem Mittel trachtete, es so schnell wie möglich zu Ende zu bringen. Ich war zu einem armseligen Besitz des Mannes geworden, der meinte, mich in seiner Gewalt zu haben. Ich las den Argwohn in seiner Miene. Er war sich seiner Beute immer weniger sicher. Er erinnerte mich an jene Menschen, die dich bei einer Auseinandersetzung am Weglaufen hindern wollen, sich dann aber mit deinem Pullover in den Händen wiederfinden, während du selbst Hals über Kopf die Flucht ergreifst und dabei wie wild um dich schlägst.

Ich war gerannt und immer weiter gerannt, um bis zu diesem Wintersportort zu gelangen. Kaum dort eingetroffen, hatte ich das örtliche Fachgeschäft aufgesucht und hatte mich nicht etwa für eine Jethose, sondern für einen Skianzug entschieden, denn in diesem Kleidungsstück, das sich nur schwer ausziehen ließ, fühlte ich mich geschützt. Das Hotel lag ganz oben am Ende der Seilbahn, Letztere stellte ab 16 Uhr den Betrieb ein, und dann war dort nichts mehr als eine baumlose Weite. Es war keine Saison, wir befanden uns nur zu dritt im Hotel, den Besitzer, Jonas, bereits mit eingerechnet. Schon als kleiner Junge hatte er Johnny Hallyday vergöttert, und er hörte *L'Envie,* jenen Song über das Verlangen, das erst die Entbehrung neu entfacht, während er mich bediente. Er fühlte sich bemüßigt, mich zu warnen: »Hier oben in den Bergen gibst du irgendwann jede Hoffnung auf.«

Er hätte gut verzichten können auf die reine Bergluft. Beklagte sich, dass er in diesen Höhenlagen keine Frauen mehr kennenlernte, da er, um abends auszugehen, das Schneemobil nehmen und später dann bei tiefster Dunkelheit zehnmal so einsam, betrunken und bis auf die Knochen durchgefroren wieder nach oben fahren musste. Seine Unzufriedenheit erstaunte mich. Ich selbst erachtete es als unschätzbar wertvoll, fernab vom Rest der Menschheit zu weilen. Und die Lust einzig für den Horizont zu besingen. Als Gesellschaft das Knirschen des Schnees. Doch Jonas betrachtete die Dinge nicht unter diesem Blickwinkel. In seinem Leben gab es schon seit drei Jahren kein weibliches Wesen mehr. »Das macht mich ganz rasend«, erklärte er, während er drei frische Holzscheite in den Kamin legte, mehr, als nötig gewesen wären. Die prachtvoll flackernden Flammen entschädigten ihn für die Monotonie seines Daseins. Am ersten Abend machte er mir wiederholt Komplimente. Unsere Isolation von der Außenwelt, die plötzlich so deutlich war. Er war ein athletischer Typ, ein ehemaliger Gebirgsjäger, das Gesicht braun gebrannt, darin die typischen, wässrig-hellen Augen der Bergbewohner. Zum Hals hin wurde seine Haut weißer, da niemals dem Tageslicht ausgesetzt, und wenn ich wollte, so könnte ich sie näher begutachten, er würde sie mir mit Sicherheit zeigen. Reflexartig schoss es mir durch den Kopf, dass eine Affäre mit diesem Mann durchaus vorstellbar wäre. Doch ich hatte den Gedanken kaum innerlich formuliert, als mein Körper auch schon dagegen aufbegehrte. Ich spürte, dass es mir unmöglich wäre, mich zu zwingen, dass sich alles in mir verschloss. Ich musste daran denken, wie ich einst beim Ausfüllen eines Kreuzworträtsels im Unterhaltungsteil von *Le Monde* meine liebe Not gehabt hatte, das Wort »Fallgitter« zu finden. Wohingegen es mir nun spontan in den Sinn kam.

Ich ließ Jonas alleine zurück und ging auf mein Zimmer. Ich dachte an Paris, an die Dinge, denen ich entflohen war, und sogar an den soeben verlebten Abend. Ich öffnete das Fenster auf die Schwärze hinaus, von der ich wusste, wie strahlend weiß sie in Wirklichkeit war. Ich atmete tief ein. Dieser Ort hier, an den mich das Schicksal verschlagen hatte und an dem nichts als Schnee ringsum war, erschien mir wie ein von zärtlichem Gurren erfülltes Paradies. Flockigweich und wie in Watte gehüllt, so wäre fortan mein Leben. Mich würde keiner mehr drankriegen.

Einem Menschen, der sich von seinen Fesseln befreit, steht die Welt offen. Ich habe Leute gesehen, denen das mit neunzig widerfahren ist. Doch vor allem stelle ich, wenn ich an meine Gymnasialzeit zurückdenke, fest, dass es schon immer in mir steckte: Hinter meiner Gewohnheit zu gehorchen trug ich den Drang zum Ausbrechen in mir. Der Unterricht, zu dem ich nicht erschien, das ungebärdige Pulsen, das dieser trockene Unterricht in meinen Adern hervorrief. Es ist schrecklich, die Sexualität mit der Knechtschaft eines Schülerdaseins zu vergleichen. Ich bin mir bewusst, dass diese Reflexionen ein negatives Bild von der Person erwecken werden, die ich vielleicht war, diese Reflexionen zu den Pflichten, die man erfüllen muss, zu fadem Unterricht, Langeweile und dem Verhältnis zur Autorität in einem kulturellen Umfeld, in dem die Menschen eher sterben würden, als zuzugeben, dass sie in einem bestimmten Abschnitt ihres Lebens der Sexualität überdrüssig waren. Häufig wird dieses Desinteresse mit Unvermögen verwechselt. Dabei sind wir so viele, die wissen, dass es nicht etwa so ist, dass wir nicht können, sondern dass wir uns einfach nicht mehr in dieser Rolle sehen. Man hat die Wonnen der Liebe bis zur Neige ausgekostet, und nun? Was gestern ein zwingendes Argument war, ist es heute nicht mehr. Das Ergebnis ist den Einsatz nicht länger wert. Das ist der Grund dafür, dass man sich zurückzieht.

Ja, ich würde fast so weit gehen zu behaupten, dass es eine irrsinnige Wohltat ist.

Nach meinem Aufbruch in die Wintersportferien glättete sich mein Gesicht binnen weniger Wochen. Man kennt sich ja selbst, das konnte nicht einzig der guten Luft zu verdanken sein. Der Beweis dafür war, dass ich mir in Paris, auch nachdem die wohltuende Wirkung des Gebirgsaufenthaltes verblasst war, nicht nur diesen leuchtenden Teint bewahrte, sondern dass ich noch blendender aussah. Auf einem Foto entdecke ich, dass ich begonnen habe, regelrecht zu strahlen. Welche Begegnung verwandelte mich derart? Zu welchem Rendezvous war ich unterwegs, mit einem so zuversichtlichen Glanz in den Augen und dem blühenden Teint einer Befreiten? Als mein Geliebter mich ein letztes Mal im Café wiedertraf, war diese Klarheit, die ich verströmte, für ihn unangenehmer als gleich welche Worte. Er sah sehr wohl, dass ich mich weit aufrechter hielt als vorher. Seinem Brauenrunzeln entnahm ich, dass er schwankte, ob er mich schon jetzt für gefährlicher als eine Jungfrau halten sollte oder für so verschlossen wie eine Auster, eine Autistin, trotz meiner ungewohnt liebenswürdigen Miene, oder aber ob er folgern sollte, dass ich mich einem anderen Mann zugewandt hatte, was die Sache vielleicht am ehesten erklärte. Er musterte mich vom Scheitel bis zur Sohle, zog binnen zehn Sekunden Bilanz hinsichtlich meiner Verwandlung und fragte mich, ob ich verliebt sei, da dies letztlich für ihn die einzig plausible Erklärung war.

Er war nicht der Einzige, der sich die Frage stellte. Meine Freundin Henrietta hatte mich kaum erblickt, wie ich strahlend und beschwingten Schrittes ins Café hereinkam, schon wollte sie wissen: »Wie heißt er denn?« Sobald man sich selbst begegnet, versuchen die anderen herauszufinden, wer das wohl sein könnte, dem man da begegnet ist.

Ich kann sagen, wer diese Person war, die mich dazu brachte, allem den Rücken zu kehren. Ich brach auf, um diejenige wiederzufinden, die ich Jahre zuvor gewesen war. Dies junge Mädchen wirkte mit dreizehn wie eine Sechzehnjährige. Dies junge Mädchen war mit der Gabe gesegnet zu lesen, sie würde Schriftstellerin werden. Doch das war nicht das, wovon sie zu jener Zeit am stärksten in Anspruch genommen war. Sie, ja sie träumte von der Lüsternheit. Vom offenen Hemd eines Mannes, der am besten noch blaue Augen hatte, oder von der Stelle, an der die Männer das haben, was die Frauen auf andere Weise besitzen und was nicht sichtbar ist – diese elementaren Dinge trieben das junge Mädchen um. Sie mit ihrem leichten Kleidchen war frühreif. Und ihr war bereits im Voraus klar: Man lernt nichts in Sachen Sinnlichkeit, man weiß es von Anbeginn. Aus ebendiesem Grund platzte sie beinah vor Ungeduld, zur Frau heranzureifen. Sie hatte es eilig, die höheren Weihen zu erhalten – selbstredend dachte sie dabei nicht an die ach so fade Aufnahme in den Kreis der Erwachsenen, wie sie sie bei der kirchlichen Firmung erfahren hatte. Nein, es musste doch Elevationen geben, die auf frevelhaftere Weise esoterisch waren.

Um ihre Ungeduld zu bezähmen, musterte sie sich im Spiegel. Sie stellte fest, dass sie das Glück hatte, wenn schon nicht perfekt, so doch zumindest rank und schlank zu sein. Was ihr nicht klar war: Sie verfügte über die Eigenart, eine latente Verruchtheit in ihren Blick zu legen. Und die Männer erkannten diese Verruchtheit. Sie erkannten an diesem jungen Mädchen das, was es ins Straucheln brachte. Wie hieß doch gleich noch jene Zufallsbekanntschaft, ein Mann, dessen Blick den ihren kreuzte, ein Tourist aus Mexiko mit honigsüßer, lockenumkränzter Engelsmiene? Er sagte zu ihr auf Spanisch: *»Tus ojos ...«,* was so viel heißt wie »Deine Augen ...«. Es war in einer Diskothek, zu der sie natürlich von Rechts wegen in ihrem Alter gar keinen Zutritt gehabt hätte. Das Recht, ja ... Sie hatte ja nicht einmal das Recht auszugehen.

Am Tag darauf hatten sie sich erneut getroffen, er wollte ins Museum. Sie war ein hochintelligentes Mädchen, und es vermittelte ihr ein Gefühl der Sicherheit, dass er kultiviert war. Er musste noch einmal in seinem Hotel vorbei. Und sie hatte durchaus Lust, einmal eine echte Luxusherberge zu sehen. Es war in der Nähe der Madeleine-Kirche. Er begann sich auszuziehen, ein Spiel. Der perfekte, zum Anbeißen süße Körper dieses jungen Mannes. Er liebte die Impressionisten, er sah gut aus. Fasziniert hoffte sie. Der Mann hatte nun auch seine restlichen Kleider abgelegt, er war nackt, und ihr Entzücken erreichte seinen Höhepunkt: Es war tatsächlich so, wie sie es sich immer ausgemalt hatte. Es war fabelhaft. Sie musste sich nicht mehr länger Gedanken machen, eines Tages würde sich alles fügen.

Mit ihren dreizehn Jahren wollte sie es, außer sich vor Begeisterung über diese Indizien, dabei belassen. Sich mit diesem Bild im Kopf ein paar Jahre beruhigt zurücklehnen.

Sie schickte sich an, aus dem Bett zu steigen. Der Typ hielt sie am Handgelenk zurück. Sie erklärte, sie wolle gehen. Er ließ ein törichtes Lachen hören, das nichts Gutes verhieß. Er war zwanzig Jahre älter als sie. »Um ehrlich zu sein – ich bin erst dreizehn«, hielt sie ihm entgegen. Sie war trotz ihrer Intelligenz von lächerlicher Naivität. Denn was glaubte sie eigentlich? Dass ein Mann, dessen Begehren so heftig entbrannt war wie bei diesem hier, ein Unbekannter, der am Tag darauf in sein Heimatland zurückkehrte, es bei der reinen Theorie bewenden lassen würde?

Wir waren fünfzehn, Henrietta und ich. Sie war die beste Schülerin am Gymnasium. Sie sollte später einmal eine glänzende Karriere als Archäologin hinlegen, sollte sich vor den Kameras der BBC gewandt durch die antike Nekropolis von Alexandria bewegen. Doch in dem Moment lagen wir erst einmal, in der Wohnung ihrer Eltern, auf ihr Rattanbett hingelümmelt. Wir wiederholten unseren Lateinstoff. Mit Griechisch waren wir soeben fertig geworden. Was an Henrietta beeindruckte, war, dass sie aus einer wahren Liebe zum Lernen heraus die toten Sprachen, die für mich nichts als Stolpersteine bereithielten, nahezu fließend sprach. Ich sehe sie noch vor mir, wie sie mit dem Finger die unergründlichen Sätze von Titus Livius nachfuhr. Sie entschlüsselte sie Wort für Wort, für sie war dies gleichsam eine vertraute Blindenschrift.

An jenem Tag war Henrietta ganz Feuer und Flamme bei einer Übersetzung des *Zweiten Punischen Krieges*. Mag sein, dass sie sich über mich mokierte, sich über einen Genitiv ausließ, der mir hätte ins Auge springen müssen. Obschon sie frei von jeglicher Bosheit war, war es eine wahre Wonne für sie, etwas besser zu wissen als die anderen. Da kam mir die Idee, ihr meinerseits meine Überlegenheit zu demonstrieren. Ich legte meine Übersetzung des lateinischen Textes beiseite, eine Art und Weise klarzustellen, dass wir uns anderen Kompetenzbereichen zuwenden würden, und enthüllte ihr ohne jede Vorrede, dass ich etwas mit einem Mann gehabt hatte.

Meine Mitteilung schlug stärker ein als erhofft. Henrietta war sich sehr wohl bewusst, dass die Vormachtstellung des Lateinischen ihre Grenzen hatte, wo es dem Vergleich mit sinnlichen Erfahrungen standzuhalten galt. Außerdem war sie kurzsichtig, voller Komplexe wegen ihrer dicken Brillengläser, mangelnd gewappnet für die Teenagerjahre und in dieser Hinsicht schwach. Sie reckte mir ihren kaum ausgebildeten Busen entgegen. »Erzähl!« Dass ich nun plötzlich in der überlegenen Position war, brachte mich aus dem Konzept. »Willst du es mir denn nicht erzählen?«, bohrte sie. Sie fürchtete, dass ich nach meiner ersten Ankündigung beschließen könnte, meine Geheimnisse doch lieber für mich zu behalten. Was würde mir nun, da ich die gewünschte Wirkung erzielt hatte, zu größerer Macht verhelfen, was wäre der radikalere Gegenentwurf zum Latein: Schweigen oder Reden? Auch wenn ich mir in diesem Punkt nicht recht schlüssig war, trieb mich schließlich die Versuchung, mich wenigstens irgendjemandem anzuvertrauen, ein Bedürfnis, das so elementar wie lebensnotwendig ist, dazu, alles der Reihe nach zu berichten. Zum ersten Mal beschrieb ich haarklein den mexikanischen Akzent, den Museumsbesuch, das Hôtel de la Madeleine, erging mich in Details darüber, wie anziehend ein Männerkörper war, wie weich die Haut am Rücken und an anderen Stellen und wie grausam die Gleichgültigkeit der Männer gegenüber unseren Ängsten. Was den Akt selbst betraf, kam ich Henriettas berechtigter Neugier zuvor und klärte sie darüber auf, dass ein Mann umso unkontrollierbarer wurde, je näher er einem kam. Nachdem erst einmal eine gewisse Hemmschwelle überschritten war, nahm er keine Rücksicht mehr in seinen Äußerungen, und man wagte auch gar nicht, welche einzufordern.

Man macht sich ja keine Vorstellung davon, was man da von sich preisgibt. Nachdem Henrietta hartnäckig schwieg, ergriff mich Panik, und ich beeilte mich klarzustellen, dass ich immerhin Lust auf dieses Zusammensein gehabt hätte. Das war das Leben, und ich hatte seine verborgenen Seiten entdeckt. Das war es, wovor unsere Eltern uns durch ihre Verbote auszugehen, durch ihr Schweigen, ihr entsetztes Gebaren warnten. Sie wussten nämlich, wie die Wahrheit über das Ende der Kindheit aussah.

Ich war zwanzig, und ich hatte meinen ersten wirklichen Freund. Er betrachtete mich als unersetzlich, obwohl er doch schon so viele Liebesfreuden genossen hatte, ehe wir uns kennenlernten. Ihm gefiel die Art, auf die man mich mitten in der Nacht wecken durfte. Mich brachte nichts aus der Ruhe. Wenn wir im Bett lagen, nahm er meinen Kopf zwischen die Hände und bewegte ihn wild hin und her; tja, und ich konnte schon komplett zerzaust sein, zuckte aber noch immer nicht mit der Wimper. Ihm gefiel seine Macht. Weil er dann glänzend dastand, servierte er mir die tollsten Überraschungen, das erfüllte ihn mit unbändigem Stolz. Er hatte sich das selbstherrliche Auftreten eines Monarchen angeeignet und durchmaß mit großen Schritten seine Wohnung. Doch mochte er sich auch noch so brüsten mit seiner Eroberung – es genügte, dass er mich aufforderte, die dunkle Seite, die in mir schlummerte, ihm gegenüber zu entfalten, schon war er im Hintertreffen. Bei jenem Kinderspiel, bei dem man sich gegenseitig unter dem Kinn fasst und derjenige, der als Erster lacht, verliert, zog er die Sache am Ende stets ins Lächerliche, um seine Verwirrung darüber zu verbergen, dass ich gänzlich ungerührt blieb.

Ich kam von einer Vorlesung an der Sorbonne nach Hause. Er lag in seinem Bett und schaute eines jener blödsinnigen Nachmittagsprogramme: eine Sendung über Hundeführer. Ein leitender Feuerwehrbeamter erklärte, die »kritischsten« Hunde seien nicht die, von denen man es vermute. Das Tier, das einen bei einem Einsatz anbelle, wirke zwar am furchteinflößendsten, sei es aber nicht. Es signalisiere aus zehn Meter Entfernung seine Gefährlichkeit gegenüber jemandem, der sich außerhalb seiner Reichweite befinde oder aber die Zeit habe, ihm zuvorzukommen und mit ihm Kontakt aufzunehmen. Wohingegen das reglose, absolut sanftmütige Tier mit dem Schwanz wedle, auch in fünf Meter Abstand nicht knurre, ja, selbst in zwei Zentimeter Abstand nicht knurre, sondern einem fröhlich den Kopf entgegenrecke. Seine feuchte Schnauze streife zur Begrüßung den Flaum auf unserer Hand, es lege sich auf den Rücken, es schließe die Augen, wenn man es am Kopf oben kraule, genieße unser Streicheln, dulde es, unseren Atem zu spüren, unser Gesicht berühre sein haselnussbraunes Fell, es lasse sich die Lefzen zu einem ulkigen Lächeln hochziehen – und dann berühre man zufällig irgendeine harmlose Stelle am

Rückgrat dieses Tieres, und es drehe sich um und zerfleische einem die Wange.

Darauf erschien das Foto eines solchen Hundes, dem man seine Gefährlichkeit nicht ansah, ein Dalmatinerweibchen. Nach allem, was man soeben dazu erfahren hatte, ließ einen die Gutmütigkeit des Tieres erschaudern. Mein Freund bemerkte, das sei unglaublich, denn diese Hündin unterscheide sich in nichts von anderen Hunden. Das hübsche, tupfenmullartig gescheckte Fell erwecke den Eindruck vollendeter Manieren. Es sei nicht zu erklären, dass ein so junges und wohl geratenes Geschöpf den Menschen etwas Böses wollen könne. Er kuschelte sich wieder in die Kissen auf seinem Bett: »Zum Glück ist das nicht meine!« Dann klopfte er aufs Laken, zum Zeichen, dass ich mich neben ihn legen solle. Ich hatte Skrupel. Ich hatte die Dalmatinerhündin kaum erblickt, da hatte ich mich in diesem Weibchen selbst erkannt.

Nach dem Wintersporturlaub floh ich Paris, wann ich nur konnte. Ich war geradezu süchtig danach, mir frischen Wind um die Nase wehen zu lassen. Im Zuge einer dieser Touren, nach Manosque im Département Alpes-de-Haute-Provence, erfuhr ich eines Morgens, als mir die Welt in besonderer Weise offenzustehen schien, dass nicht weit vom Dorf eine Spinnerin Schurwolle verkaufte. Ich war überzeugt davon, dass ich welche brauchte. Wir setzten uns also in Bewegung, mein Körper und ich, und fühlten uns beide ganz leicht in dem Wagen mit aufgeklapptem Verdeck.

Ich konnte das kleine Landhaus dieser Frau nicht finden. Die Sträßchen, die ich an den mir angegebenen Abzweigungen nahm, endeten vor den Mauerresten irgendwelcher Ruinen. Das letzte von ihnen führte einen Hügel hinauf, und ich gelangte auf ein Hochplateau. Zu einem Mohnblumenfeld, an dem ich mit dem Auto nicht weiterkam. Es war albern, aber ich ließ mich von der Tatsache, dass ich nicht imstande war, den Weg zu dem Häuschen und der Wolle zu finden, entmutigen. Eine nichtige Widrigkeit genügte, um mich zu demoralisieren. Für einen Flüchtigen nimmt das kleinste Hindernis dramatische Dimensionen an. Es ist die Furcht, erneut gefasst zu werden. Ich forderte uneingeschränkte Handlungsgewalt, und es schien mir, als bedürfte es dieser, um den vorgegebenen gesellschaftlichen Verhaltensmustern zu entrinnen. Nichts mehr sollte sich mir fortan in den Weg stellen. Was ist denn das für eine Freiheit, wenn man nicht bekommt, was man will? Verbissen saß ich hinter dem Steuer. Dass die Straße sich als Sackgasse erwies, gefiel mir überhaupt nicht. In mir kam alles wieder hoch. Die Dinge, die man ausradiert, verblassen, aber in einem bestimmten Licht kann man doch wieder lesen, was dort geschrieben stand.

Ich war lange Zeit ziemlich achtlos mit meinem Verlangen umgegangen. Was das Hôtel de la Madeleine betraf, konnte ich mir noch sagen, dass ich wohl unüberlegt gehandelt hatte. Doch danach, als ich mich erneut in Gott weiß welcher Hinsicht zu bedingungslosem Gehorsam verpflichtete? Meine arme fleischliche Hülle war all die Zeit über da, und als sie verlor, verlor sie so richtig. Das beständige Unwohlsein jener Jahre kam mir wieder in den Sinn, ich hatte Rückenschmerzen, ich wurde krank, statt das Weite zu suchen, die ewige Müdigkeit. Das waren Alarmsignale.

Eines Tages hatte mich ein Arzt gewarnt, wobei er mich auf merkwürdige Art von unten herauf angeblickt hatte, als wende er sich an eine andere Person in meinem Inneren, die deutlicher betroffen und besser imstande war, ihn zu verstehen: »Man sollte auf seinen Körper hören.« Mein Herz hatte so heftig geklopft, dass es gegen meine Rippen zu prallen schien. Ich begriff nicht, was er mir zu verstehen geben suchte, dieser Arzt, der soeben geschlagene vierzig Minuten damit verbracht hatte, mich durchzuchecken (etwa das Zweifache der Zeit, die er anderen Patienten widmete). Termin um Termin übernahm er die Rolle des Vermittlers zwischen meinem Körper und mir. Er kümmerte sich über Wochen hinweg um meine Genesung. Doch sobald es mir auch nur ein klein wenig besser ging, fiel ich wieder in meine alten Gewohnheiten zurück und achtete zu wenig auf mich selbst. Man konnte mich erneut herumstoßen.

Konnte dieser Körper mir nach den heftigen Lebensgewohnheiten, die ich ihm zugemutet hatte, noch vertrauen? Die Antwort ließ nicht auf sich warten: Ein Krampf im Oberschenkel trieb mich dazu, aus dem Auto zu steigen. Ich lief in das Mohnfeld hinein, um mir die Beine zu vertreten. Die Myriaden Blumen waren meine Füße, die Myriaden Bienen. Ich lief weiter auf den Horizont zu, beflügelt von einer ungeahnten Energie. Bald schon befand ich mich inmitten des Blumenmeeres. Der Krampf war verschwunden, stattdessen summte mein ganzer Körper leise, genoss die Ruhepause. Es war, als bildeten er und ich endlich ein einziges, vollkommenes Insekt.

II

War ich je glücklicher als in diesen ersten Monaten der Auszeit? Ich nahm Lavendelmilchbäder. Die Japaner verkaufen ein parfümiertes Pulver, das färbt das Wasser weiß. Als ich den Inhalt des Beutelchens in die Wanne schüttete, mich an der cremigen Konsistenz ergötzte und anschließend darin eintauchte, hatte ich den Eindruck, als freute sich ich weiß nicht welche Gottheit für mich. Bis dahin war Wasser nur ein nützliches Element gewesen. Da waren zum Beispiel die Duschen, unter die ich mich stürzte, um mich von den Spuren einer Begegnung zu befreien, nachdem ich mich hatte rumkriegen lassen. All diese »Nein«, diese »Später«, die ich nie ausgesprochen hatte, meine Empfindsamkeit, die immer wieder mit Füßen getreten wurde – die Seife linderte die Auswirkungen, die all das hatte. Ich blieb über Gebühr lange in der engen Kabine, den Rücken an die Fliesen gelehnt, denn ich war schlicht erschöpft.

Dahingegen nun das hier. Ich war in dem milchigen Nass versunken, einzig mein Kopf ragte noch heraus.

Mein Körper, entspannt, ließ sich bereitwillig im Badewasser treiben, seine signifikantesten Partien schimmerten in dem opalenen Nass auf, meine Brüste spitzten heraus, ähnlich den Bojen entlang der Meeresküsten, die von menschlicher Gegenwart künden. Ich befand mich unter diesen Markierungszeichen, ein lebendiges Wesen. Und schon bald intensivierte sich die Entspannung, brachte meine zweite anatomisch bedeutsame Partie nach oben, die fortan nie wieder schlecht behandelt werden würde. Die flache Hand eines Magiers hatte sich unter meine Hüften geschoben und hob mich behutsam empor. Noch heute könnte ich auf einer Anatomiezeichnung mit dem Finger die Bahn nachzeichnen, auf der sich die Freiheit in mir ausbreitete, die Klarheit von damals. Ich hatte Vertrauen. Ich empfand Freude darüber, jeglicher Gefahr entronnen zu sein. Man würde mich nicht zu fassen bekommen. Man würde mir nichts nehmen. Wenn es so etwas wie die Aufhebung der Schwerkraft gibt, so war es das.

Nachts schloss ich mein Kopfkissen in die Arme, ganz so, als handle es sich um ein menschliches Wesen, das da zum Greifen nahe neben mir lag. Ich brachte ihm die respektvolle Aufmerksamkeit entgegen, die man demjenigen angedeihen lässt, dem man nicht das geringste Böse will. Ich hielt es fürsorglich umfangen wie eine Glucke ihr Küken, man hätte es mir schon gewaltsam entreißen müssen, um es mir wegzunehmen. Würde ich zuzugeben wagen, dass ich mit meinem Kopfkissen kuschelte? In meiner Phantasie schmiegte ich mich dabei hingebungsvoll an den Rücken eines Mannes, legte meine Stirn zwischen seine Schulterblätter, hielt ihn umfasst. Und er, dort vor mir, nahm meine Hände. Er bewegte sich langsam, so unmerklich, dass ich hätte schwören mögen, er begnüge sich damit zu atmen. Ich brauchte eine Weile, um zu begreifen, dass er mich wiegte. Wie kam er mit seinem Begehren zurecht? Ich hatte keine Ahnung. Mein eigenes Begehren war darauf gerichtet zu warten. Vielleicht würde der Mann sich umdrehen, würde mich unter seiner Fülle begraben. Doch momentan bestand keine Gefahr.

Es war die reine Glückseligkeit. Und es ist ja bekannt, dass man sein Glück am liebsten in die ganze Welt hinausschreien würde. Eben deshalb sah ich, gänzlich gefangengenommen von meiner berauschenden Entdeckung, keinen Grund, nicht darüber zu reden. Ich vertraute mich einem Freund meiner Eltern, Axel, an. Ich hatte eine besondere Beziehung zu diesem Mann. Er war in meiner Kindheit einer der wenigen Erwachsenen gewesen, der meinen Entschluss, Schriftstellerin zu werden, ernst genommen hatte. Einer der wenigen, die mich beschworen hatten, auch einmal etwas auf eigene Faust zu unternehmen. Doch während er seinerzeit vom Reisen gesprochen hatte, ging es nun darum, überhaupt alleine zurande zu kommen.

Was das Thema Kopfkissen betraf, gestand er mir, dass er dies ebenfalls tat. Ja, er nahm seine Nackenrolle nicht nur in die Arme, sondern raunte ihr »Malika« ins Ohr, den Namen seiner verflossenen, seiner großen Liebe. Eines Tages hatte Axel einen schwachen Moment gehabt und seinen Freunden geschildert, was er nachts durchlebte. Doch als er den anderen sein Herz geöffnet hatte, hatte er lediglich Mitleid, gemischt mit Befremden, geerntet. Er wusste also, wovon er sprach, als er mir abriet von jener Sorte Bekenntnissen. Der

Schluss, den er für sich daraus zog: »Es gibt Grenzen hinsichtlich dessen, was die Leute nachempfinden können.« Nicht einer seiner Freunde zeigte Verständnis für sein Verhalten. Und er hatte noch dazu den Zauber seines Traumes zerstört. Alles, was man ausstreut, verflüchtigt sich. Für die anderen war er nichts weiter als ein Mann, von dem keiner mehr etwas wollte, ein Ausgeschlossener, der allein unter seiner Bettdecke lag, eingeigelt, eine zusammengekrampfte, tragische Gestalt.

Ich hielt ihm entgegen: »Hör mal, Axel, du selbst hast mich doch darüber aufgeklärt, dass man sich zu allen Zeiten und in allen Kulturen von der Masse abheben kann.« Doch nun schüttelte er betrübt den Kopf. »Glaub mir. Wir anderen, wir sind nur stark, wenn wir schweigen.«

Im Radio hob ein Mediziner hervor, dass ein Mensch umso besser auf allen Gebieten werde, je reger sein Liebesleben sei. Und ich musste schallend lachen. Mein spöttisches Gebaren hinderte diesen Mann jedoch in keiner Weise, in seinen schlauen Predigten fortzufahren. Er erinnerte daran, dass der menschliche Körper ein in sich geschlossenes Räderwerk sei, und verglich dieses mechanische Gefüge mit der Schnellbahn in Taipeh, Taiwan. Jahre zuvor hatte man einen Fabrikationsfehler an den Betonpfeilern festgestellt, die die neu gelegten, oberirdisch verlaufenden Gleise stützten. Nun, diese Bahn war, ohne Passagiere, Tag und Nacht gefahren, andernfalls wäre sie eingerostet. Laut diesem Arzt drohte dem geschlechtsreifen Körper ein ähnliches Schicksal. Wenn man ihn nicht gebrauchte, verkümmerte er.

Es gab die Möglichkeit, während der Sendung anzurufen, um seine eigenen Erfahrungen beizutragen. Ich hatte die Nummer gewählt. Schneller als erwartet hatte ich einen Telefonmitarbeiter am Apparat, der mich fragte, was mir zum Thema des Tages einfiele. Ich erwiderte, ich sei zutiefst empört, selbstverständlich nicht über ihn, den Mann am Telefon. Ich erklärte, dass die ach so fortschrittlichen gesellschaftlichen Verhaltensregeln unserer Epoche zwar allgegenwärtig seien, dass es mich aber, naiv wie ich sei, doch erstaunen würde, hier, in einer seriösen Radiosendung, damit konfrontiert zu werden. Ich hatte plausibel dargelegt, warum es nicht stimme, dass man umso besser wurde, je aktiver das Liebesleben war. Was war denn zum Beispiel mit Franz von Assisi, Mutter Teresa, dem Dalai Lama oder dem Buddha? Und was war von dem Partner zu halten, der uns über Stunden hinweg zum Wahnsinn getrieben und sich abweisend gezeigt hatte, der unsere Hingabe nicht weiter beachtet, der uns vor anderen Leuten gedemütigt, unseren Elan verwünscht hatte und meinte, er könne sich nachts mir nichts, dir nichts wieder mit uns versöhnen? Man kam ihm zwangsläufig wieder näher, aber man hasste ihn dabei. War das vielleicht gut für die Gesundheit? Ich fügte an: »Warum dem Sexualleben an sich eine solche Bedeutung beimessen? Es gibt eine solche Vielzahl von inneren Verfassungen, von äußeren Umständen. Das Einzige, was hier weiterhelfen könnte, wäre, kein Wort von den konformistischen Thesen dieses Mediziners zu glauben.« Ich hatte vorgeschlagen: »Lassen Sie den Leuten den Schatz, den sie besitzen. Ihr unerklärliches seelisches Gleichgewicht.« Wobei ich besonderen Nachdruck auf »unerklärlich« gelegt hatte. »Das ist im Übrigen auch der Grund, warum es keine treffende Bezeichnung für ein nicht vorhandenes Sexualleben bei Menschen gibt, die die Hoffnung mitnichten aufgegeben haben. Wir sprechen von ›Keuschheit‹, doch das ist nicht das passende Wort. Wir sprechen von ›Abstinenz‹, doch auch dieses Wort trifft es nicht. Ebensowenig wie ›Asexualität‹. Also Schluss damit. Hören Sie auf mit dem sinnlosen Geschwafel.«

Der Mann am anderen Ende der Leitung war jung, das merkte ich an seiner Stimme. Er entgegnete, es täte ihm schrecklich leid, aber das, was ich zu sagen hätte, sei zu kompliziert, man könne meinen Anruf hier nicht direkt übertragen. Er entschuldigte sich dafür und hoffte, dass ich mich beim Hören ihres Senders gut unterhalten habe. Worauf mir selbiger Sender, als Belohnung für meine Treue, ein Kosmetiktäschchen der Marke Clinique zukommen ließ.

Ich fuhr an der Seine entlang. Zu meiner Rechten verdeckte mir eine niedrige Mauer die Sicht auf den Fluss. Zu meiner Linken die oberhalb des Ufers liegenden Terrassen des Jardin des Tuileries. Der junge Mann jagte mir einen entsetzlichen Schreck ein. Er hatte dicht vor mir die Straße überquert und mit den Fingern meine Kühlerhaube berührt. Ein Inlineskater. Er trug einen Pullover, um sich gegen die eisige Aprilkälte zu wappnen. Einen grob gestrickten, naturweißen irischen Pullover mit Rollkragen. Die Ärmel hochgekrempelt, die Hände in karamellbraunen Lederhandschuhen. Seine Hüften bewegten sich geschmeidig in seinen verboten engen Jeans hin und her – wer wollte schon einem versierten Inlineskater seinen Narzissmus verübeln? Wir bewegten uns beinah im selben Tempo voran, ich des dichten Verkehrs wegen, er aufgrund seines beachtlichen Schwungs. Wenn man ihn so sah, wie er im Slalom zwischen den Autos hindurchsauste, musste man unweigerlich an die Risiken denken, die er auf sich nahm. Meiner Ansicht nach war es unvorsichtig von ihm, sich derart gewagt hier durchzuschlängeln. Was geschähe, wenn er wegrutschte, wenn er in einem Moment der Unaufmerksamkeit stürzte und mit den Skates in der Luft am Boden lag? An seinem geschmeidigen Rücken konnte ich ablesen, dass er sich über meine Besorgnis lustig gemacht hätte. Letztendlich trieb ihn seine Überzeugtheit weit stärker dazu an, hier so flott dahinzugleiten, als die Rollen, weit stärker als der glatte Untergrund. Wenn ein großes Fahrzeug in seine Reichweite kam, verlagerte er sein Gewicht kurzerhand auf ein Bein und ließ sich ziehen. Statt sich besonders umsichtig zu verhalten, stellte er erst recht seine Selbstsicherheit unter Beweis. Dann löste er seinen Griff wieder. Der Fuß, den er angehoben hatte, kam auf den Boden zurück, er holte mit weit geöffneten Armen aus, um einen übermütigen und äußerst gekonnten Drehsprung zu vollführen, und fuhr davon, um zwischen weiteren Fahrzeugen hindurchzukurven. Ich hatte an der Ampel anhalten müssen. Er hatte seinen Weg fortgesetzt, ungeachtet der Gefahr. Um sein Tempo zu steigern, hatte er sich nach vorne geneigt, hatte sodann die Arme nach hinten gestreckt – die Flügel einer Libelle – und dabei seine Handschuhe herumgewirbelt, gleichsam, um sich von uns allen zu verabschieden, von den Verpflichtungen.

Man konnte sich sehr wohl inmitten der anderen von der Masse abheben.

Eine Kinovorstellung, eines Nachmittags in Paris. Im Lucernaire, wo ich dreimal die Woche hinging. Wir waren nie mehr als zehn im Saal, und an jenem Tag war ich ganz alleine, sodass ich mich aus Solidarität umdrehte und dem Vorführer, ohne ihn zu sehen, freundschaftlich zuwinkte. Der Film: *Die drei Tage des Condor* von Sydney Pollack. Robert Redford verließ sein Büro (eine Zweigstelle der CIA), um Sandwichs zu holen. Er kehrte zurück, die Arme beladen mit der Verpflegung. Sein modischer dunkler Caban. Seine Kollegen waren tot, von Kugeln durchsiebt. Er hätte eigentlich wie die anderen ermordet werden sollen, seine Gegenwart stellte eine Bedrohung dar, man würde ihn aufspüren, er musste fliehen. Im wahrsten Sinne des Wortes den Tod im Nacken, bog er um die Straßenecke.

Es gibt tausenderlei Arten, sich einen Film einzuverleiben; doch bringen die Frauen, die die Möglichkeit haben, einen echten Mann zu lieben, die nötige Bereitschaft mit, den wahren Robert Redford kennenzulernen? Ich weiß, dass sie etwas daraus mitnehmen, etwas für sich herausziehen. Das reicht allerdings nicht sehr weit. Für sie ist es nur ein Film. Denn ohne den absolut aufmerksamen Blick dessen, der ihn betrachtet, bewegt sich Robert Redford nicht vom Fleck. Sie müssen schon im Lucernaire sitzen, in doppelter Hinsicht abgekapselt von der Außenwelt, zum einen im Kinosaal, zum anderen in Ihrem eigenen Leib, die geöffneten Hände wehrlos zu beiden Seiten des Oberkörpers, erfüllt von einem dringenden Bedürfnis zu träumen. Sie, die Sie in letzter Zeit mit nichts weiter als der Schönheit engeren Kontakt pflegten, Sie, für die der Film wahrhaftig eine Art *lucernarium* ist, einer jener Schächte, durch die in den Katakomben das Licht einströmte; Sie, die Sie dazu fähig sind, Liebesfreuden zu frönen, ohne einen Finger zu rühren, Sie, die Sie, ich darf Sie daran erinnern, eine Mohnblume sind, die Sie also nur sehr wenig Wasser brauchen, um sich zu entfalten, Sie, die Sie das Fluidum Robert Redfords einsaugen und in einen speziellen Trank verwandeln – nun, Sie nehmen Robert Redford wahr.

Hätte dieser Schauspieler mich auf einer Party angesprochen, wäre ich auf der Hut gewesen. Ich hätte mich gefragt, was er von mir will. Ich glaube, ja, ich glaube, ich hätte Angst gehabt. Aber ich befand mich in einem Kinosaal, Tausende Kilometer von Robert Redfords echtem Körper entfernt. Es blieb nur das Wesentliche übrig. Unser beider Seelen waren dem Körper entflohen, und wir waren wiederauferstanden im Paradies des Lucernaire. Er konnte mich in die Vertiefungen seiner unebenmäßigen Haut entführen. Robert Redfords Gesicht war so zernarbt, dass ich mir sagte: Wenn das so weitergeht, werde ich mich eines Tages an diesem griffigen Fels festkrallen.

An Wunder muss man glauben: Als ich mich am Ende des Filmes, während des Abspanns im Dunkeln von meinem Platz erhob, hatte Robert Redford seine Hand auf meine Schulter gelegt, um mir einen vierten Tag des Condor vorzuschlagen. War ja logisch. Er hatte es erspürt. Ich hatte einen Arm in der Luft und hielt seinen attraktiven blonden, vor den Killern geretteten Nacken umschlungen, wobei ich mir sagte, dass der Vorführer, für den Fall, dass er mich beobachtete, meinen konnte, ich sähe auf meine Uhr.

III

Mein Vater hatte einen Cousin, der Priester war, Charles. Im Sommer pflegte er eine Woche bei uns an der Côte d'Azur zu verbringen. Er gehörte dem Orden der Dominikaner an, dessen Mitglieder hochgebildet sind. Durch ihn kam die Kultur, ebenso wie die Zeitung *Le Monde,* die er auf dem Weg zum Brotholen besorgte, ins Haus. Er führte tiefgründige Gespräche mit meinem Vater, aus denen dieser mit der Miene eines über alles Irdische Erhabenen hervorging. Mein Vater war nicht gläubig. Weder meine Mutter noch mein Bruder, noch ich haben jemals erfahren, worüber sie da in aller Welt sprachen. Doch das Außergewöhnlichste an diesen Ferien war nicht ihr mysteriöser Gedankenaustausch, sondern die Tatsache, dass Charles in Boxershorts am Hafen von Saint-Tropez auf und ab stolzierte. Für das Gros der Leute war das nicht von Bedeutung, denn man sah ihm ja nicht an, dass er Priester war. Die Wirkung, die er bei der kleinen Freundesschar meiner Eltern erzielte, war hingegen sensationell. Ein Priester in Badehose, ein Mann Gottes, ausgestattet mit einem Körper. Und dass dieser ergebene Diener des Herrn zu uns gehörte, einer unserer Blutsverwandten war, verschaffte uns eine sehr hohe Stellung innerhalb der Rangordnung am Strand.

Wenn Charles da war, wurden wir gleichsam zu Stars. Da seine Heiligkeit nicht so weit ging, dass er dem Alkohol entsagte, brachte seine Anwesenheit zahlreiche abendliche Aperitifs mit sich, im Laufe derer Charles – der sich zu Beginn noch höchst fromm und würdevoll gab, sich dann aber, dank des Alkoholeinflusses, immer leutseliger zeigte – zum Mittelpunkt der Gruppe wurde. Er wagte sich mit langen Reden aus der Reserve. Dieser Mann, der Gefängnispfarrer in einer Haftanstalt im Norden Frankreichs war, hatte so viel zu sagen. Er, ehemals hoher Beamter, der einen angesehenen Posten bei der Banque de France, der französischen Zentralbank, aufgegeben hatte, um sich zunächst als Arbeiterpriester im Kohlebergbau zu verdingen, dann in einer Spinnerei, ehe er schließlich in den Gefängnisbereich wechselte. Er, der an den Menschen glaubte, während wir anderen seit Langem das Handtuch geworfen hatten. Er, der niemanden mit dem Thema Gott behelligte, um sich nicht »die Tür bei den Atheisten zuzuschlagen«. Um kein Unbehagen aufkommen zu lassen, stellte er seinen Glauben hintan, ließ einen vorsorglich wissen, dass dieser sein persönliches »Problem« sei – selbst wenn er für ihn gar kein Problem darstellte.

Nur, was brachte ihm diese ganze Zuvorkommenheit? Armer Charles, das war nicht das, was die Gruppe von ihm erwartete. Man lenkte ihn sanft auf ein anderes Thema. Der allabendliche Aperitif war nur ein scheinheiliger Vorwand, um zu der eigentlich wichtigen Frage vorzudringen, der Frage, was einen Mann ausmacht. Am letzten Abend, nach ausgiebigem Herumlavieren stellten sie die Frage schließlich: Bedrückte es ihn, Charles, denn nicht, dass es keine sexuellen Beziehungen in seinem Leben gab? Axel marterte ihn, wenn er getrunken hatte, ebenso wie die anderen. Und Charles, angeheitert, ein diabolisches Funkeln in den Augen, er, der Mann Gottes, versuchte, sich geschickt aus der Affäre zu ziehen. Da saß er in seinen Shorts, also so gut wie nackt, wackelte nervös mit den in Mönchssandalen steckenden Zehen, die Hände immerhin vor sich im Schoß gefaltet, und erklärte, dass die Liebe Gottes per se schon die vollkommene Erfüllung aller Begierden bedeute. Die anderen drangen noch unerbittlicher auf ihn ein: Ja, aber eine Frau! Die Mitglieder der Gruppe fühlten sich sämtlich bemüßigt, ihm auf den Schenkel zu schlagen, und rückten ihm, ermutigt vom Pastis, einer nach dem anderen auf den Leib. Sie ließen nicht locker, fragten, ob er denn verflucht noch mal die Schönheit der Frauen nicht sähe, ob das in ihm nichts in Wallung brächte. Verspürte er keine fleischlichen Gelüste? Brachten ihn die Sünden, die man ihm beichtete, nicht auf Ideen? Nein? Wirklich nicht? War der Funke so weit erloschen, dass da nichts mehr in Gang geriet?

Es vergingen nur wenige Monate, da legten meine Freunde mir gegenüber die gleiche Neugier an den Tag. Ich war bereits Journalistin. Das ist ein Beruf, der einen mit vielen Menschen zusammenbringt. Ich hatte eine ganze Clique von Leuten um mich herum. Zuweilen waren wir selbst schon bei einem spontan organisierten Abendessen unter der Woche zu zehnt. Und beinahe alle waren im Zweierpack unterwegs, mein Alleinsein fiel also zwangsläufig auf.

Da gab es dieses Paar, Vionne und Carlos. Die beiden fürchtete ich am meisten. Es ist verrückt, was ein Paar alles so unisono zu verkünden vermag. Anfänglich hatten sie meinen Mut bewundert. Das hatte mir erlaubt, mich als Heldin zu fühlen. Doch diese Zeiten holden Einvernehmens waren längst vorüber. Inzwischen hatten sie mich kaum begrüßt, schon erkundigten sie sich, ob ich jemanden kennengelernt hätte. Nachdem ich kopfschüttelnd verneint hatte, gefielen sie sich in der Rolle derer, die mit ihrem Latein am

Ende waren. Sie wollten wissen, wie das sein konnte: Unternahm ich denn auch das Nötige? Mit fachmännischer Miene taxierten sie meine Garderobe. Kein Kleid war weit genug ausgeschnitten. Mein Haar zu zerzaust. Meine Beine, ja, die sollte ich zeigen. Ich sollte aufhören, immer nur einen auf guten Kumpel zu machen. Und die Absätze, warum trug ich keine Absätze? Eine von Carlos' Theorien: Absätze waren das entscheidende Signal, durch das eine Frau zu verstehen gab, dass sie für einen Flirt zu haben war, da man auf hohen Hacken nicht schnell davonrennen kann. Und es stimmte schon – wenn ich mich mit Vionne verglich, wenn ich mir das glänzende lange Haar von Vionne besah, ihre unglaublichen, schwindelerregend hohen Absätze, so musste ich zugeben, dass von uns beiden Vionne diejenige war, zu der sich die Männer hingezogen fühlten, sie, die doch schon einen Mann besaß, einen Spanier noch dazu.

Ich hatte beim Tod meines Vaters festgestellt, dass einem nicht endlos Zeit gewährt wird, sich von einem Schicksalsschlag zu erholen. Die Leute tolerieren, dass man sich für eine gewisse Dauer aus dem aktiven Geschehen zurückzieht, doch leider Gottes ist es damit von einem Tag auf den anderen vorbei. Wir selbst sind immer noch damit beschäftigt, den Verlust zu verarbeiten, für sie hingegen ist unsere Trauerphase abgeschlossen. Im vorliegenden Fall verhielt es sich ähnlich. Meine Ungebundenheit sollte mit der Bereitschaft, mich auf neue Begegnungen einzulassen, einhergehen, andernfalls lag da etwas im Argen. Ich mühte mich nach Kräften darum, meinen Standpunkt zu verteidigen. Ich versicherte nachdrücklich, dass bei mir alles in Ordnung sei ein schwacher Einwand, den ich zu untermauern versuchte, indem ich ins Feld führte, dass Robert Redford mich liebte. Das gab ihnen den Rest. Ein Glück, dass ich es dank Axels warnender Worte vermied, die Geschichte mit meinem Kopfkissen zu erzählen. Sie hätten mich in der Luft zerrissen. Allein Robert Redford brachte sie ja schon aus der Fassung.

»Du träumst mit offenen Augen!«, erklärten sie mir. Verbunden mit einem Seitenblick auf meine flachen Boots, der diesmal weniger gnädig ausfiel. Was hätte es genutzt, Carlos darüber aufzuklären, dass Coco Chanel die gleichen Schuhe besessen hatte, dass sie von Church waren und man sie mir eigens nach einem Männermodell angefertigt hatte? Dass ich neun Monate auf sie gewartet hatte?

Bei Partys kamen sie einer nach dem anderen, um sich neben mich zu setzen und mir darzulegen, was sie sich für ein Leben für mich vorstellten. Was ich verdient hatte. Genau betrachtet wünschten sie, dass ich so war wie sie. Elvire, die in einer festgefahrenen Paarbeziehung steckte, vergaß, dass sie einen depressiven Ehemann hatte. Guillaume, der mit einer Frau verheiratet war, die ihm das Leben zur Hölle machte, schwor mir, dass man, wenn man sich stets umsichtig verhielt und zu allem Ja und Amen sagte, ganz gut zurechtkam. Maria, der alles zu viel wurde mit ihren Kindern, wollte, dass ich welche in die Welt setze. Dann Assia, die Frauen liebte, damit aber ihre Mutter an den Rand des Grabes brachte. Patrizio, der mit chronischer Eifersucht und blauen Flecken an der Schulter zu kämpfen hatte. Keiner von ihnen ertrug mein Alleinsein, denn es hätte das ihre sein können. Und dann, im Lager der sozialen Außenseiter, Sabine und William, freudlose Swinger, die unbedingt zusammenbleiben mussten, damit sie beim Partnertausch etwas zu bieten hatten. Nun, diese beiden fanden mich ebenfalls speziell. Ich stieß in den liberalsten Kreisen auf überraschend konventionelle Ansichten. Fortschrittliche Zeitgenossen, die gegen jede wie auch immer geartete Form der Zensur waren, brüsteten sich damit, sich unverfroren über Grenzen hinwegzusetzen. Ich aber sprengte diese in die andere Richtung, und sie hoben verzweifelt die Hände zum Himmel. Sie hatten sich die wüstesten, unsinnigsten Drogencocktails reingezogen, hatten sich in Zustände versetzt, in denen sie gar nicht mehr merkten, dass ich zugegen war und alles mitbekam. Ich selbst hingegen injizierte mir das reinste und erhabenste Ideal, das sich nur denken lässt, in die Venen, und sie waren über mich schockiert.

Das Abendessen beim Kustos des Musée de l'Homme, bei dem sie so inständig darauf hofften, mich mit jemandem bekannt zu machen. Ich hatte den Raum betreten und ihn ohne Weiteres identifiziert, er rauchte am geöffneten Fenster und hatte aus Argwohn sämtliche Stacheln aufgestellt. Er war schon im Voraus erzürnt darüber, das war mir völlig klar, dass er hierhergekommen war, um zu überprüfen, ob ich ihm gefiel, statt einfach dem Schicksal seinen Lauf zu lassen. Was für ein Stimmungskiller in der Liebe, wenn diese kein Wunder mehr ist, auf das man hofft, sondern eine bewusst einkalkulierte Möglichkeit.

Bei Tisch fühlte sich dieser Mann, den man mit Bedacht neben mich platziert hatte, bemüßigt, seine Situation für den Fall, dass man mich vorgewarnt hatte, zu bagatellisieren. »Es passiert durchaus hier und da etwas in meinem Leben«, ließ er mich wissen. Ich sollte bloß nicht glauben … Mir nicht etwa ausmalen, wie er, hier neben mir, in endlos langen Nächten sein Kopfkissen umarmte. Ich hatte ihn dabei ertappt, wie er hingebungsvoll die Hähnchenkeulen ablutschte, ohne zu merken, dass man die Knochen bereits herausgelöst hatte; seine Verblüffung darüber, dass er kurz darauf mit leeren Händen dasaß, belustigte mich. Vom anderen Ende des Tisches her zwinkerte Henrietta mir zu.

Da wir in der gleichen Situation waren, machte er aus seinem Herzen keine Mördergrube, und ich erfuhr von den Besonderheiten seiner letzten beiden Liebesaffären. Eine junge Frau, vor der er seine wahre Identität verheimlicht hatte, damit sie keine Möglichkeit hätte, ihn wieder aufzuspüren, falls sie je ernstere Gefühle für ihn entwickeln sollte. Und ein weiteres Geschöpf, neunzehn Jahre, auch hier hieß es vorsichtig sein, sie war Eritreerin, ohne Papiere. Er war auf der Hut vor Fallen und sah nicht, dass er bereits in die schlimmste getappt war, den Zynismus. Er zahlte monatlich zweieinhalbtausend Euro an die Mutter seines Sohnes. Und ich konnte die Verzweiflung erkennen, mit der er seine Pfote aus dem Fangeisen zu befreien versuchte.

Im Augenblick des Aufbruchs lag eine Unschlüssigkeit in der Luft, bei der für alle spürbar war, dass man uns, diesen Mann und mich, in die Enge trieb, sodass wir keine andere Wahl mehr hätten, als etwas miteinander anzufangen. Und ich werde nicht die Miene dieses Mannes vergessen, als ich verkündete, dass ich noch nicht gehen würde. Er hatte sich bereits seinen

Mantel übergezogen, hatte sich damit abgefunden, mich mitzunehmen, und ich kam nicht mit. Die Türe schloss sich vor seinem Gesicht. Meine Freunde wandten sich zu mir um. Jetzt herrschte Krieg.

Wir setzten uns ins Wohnzimmer. Mein Gott, wie folgsam ich war …

Drei Paare, und ich ihnen gegenüber. Der Kustos des Museums an seinem Kamin stehend, eine geistige Autorität. Auch er nicht allein, sein Freund auf einem Puff neben ihm. Und sie hoben an. Warum hatte ich diesem Mann nicht vorgeschlagen, noch auf ein Gläschen irgendwohin zu gehen? Warum hatte ich nicht folgenden Satz über die Lippen gebracht: »Ich würde mich riesig freuen, dich wiederzusehen«? Warum hatte ich ihn grimmig wie ein Wolf angestarrt (hatte ich offensichtlich), statt einfach mal das Weibchen zu spielen und ihm schöne Augen zu machen? Ja, warum konnte ich nicht sanft wie ein Kätzchen sein? Sie fielen also zu allem Überfluss noch über mich her und hieben mir ihre Fangzähne ins Fleisch, und nun war ich das zutiefst verstörte Tier. Henrietta hatte gesagt: »Lasst sie doch. Wenn ihr nicht danach ist …«

Diese Person, der nicht danach war, nahm man in Ferienhäuser mit auf, ein zusätzliches Kind. Unmittelbar vor dem Sommer hatte Vionne vorgeschlagen: »Warum kommst du nicht zu uns nach Hydra?« Und dann: »Du weißt doch, dass es dort immer ein Plätzchen für dich gibt.« Und ich hatte angesichts dieser magischen Formel mein Verlangen nach Rückbesinnung auf meine einstigen Stärken vergessen, meine mächtigen Schwingen, die mich emportrugen zu kreativen Höhenflügen, und die Welt, die sich vor mir auftat, mir offenstand. Ich hatte mir das Flugticket besorgt, war in Athen aus der Maschine gestiegen, hatte mich in ein Taxi gestürzt; dann der Hafen von Piräus, dort einen Fahrschein nach Hydra gelöst und weiter per Schiff. Das Wasser spritzte gegen die Bullaugen des Tragflügelbootes, man konnte nicht nach draußen sehen. Drinnen saßen nur Familien, Gruppen und Personen, die im Zweierpack unterwegs waren.

Meine Freunde – vier Pärchen und Henrietta –, die gekommen waren, um mich an der Anlegestelle in Hydra abzuholen. Die Kinder hatten begeistert geklatscht, als ich von Bord gegangen war, ehe sie auf mich zurannten und mir um den Hals fielen. Carlos nahm mir den Koffer ab. Ich hatte die restlichen Passagiere mit einem arroganten Lächeln bedacht, denn ich bildete mir etwas darauf ein, eine Clique zu haben. Man ist ja so schwach.

Das Haus lag oberhalb des Dorfes. Die Kinder versuchten mir zu zeigen, wo es sich befand, deuteten jedoch dabei jedes in eine andere Richtung. Anschließend setzte man mir auseinander, dass es einfach traumhaft sei. Es war nicht direkt am Meer, doch dafür dem Himmel nah, und bei dieser glühenden Sommerhitze wären wir über jeden leisen Windhauch froh. Kurzum, ich stieg soeben zu einem wahren Paradies empor. Kleiner Wermutstropfen, als ich vernahm, dass in dieser atemberaubenden Villa doch nicht so viel Platz war wie gedacht. Konkret gesagt, es gab kein Zimmer für mich. Doch dieser Punkt vermochte ihre gute Laune nicht zu trüben. Ja, für die Kinder war er sogar ein zusätzlicher Anlass zur Freude. Ich würde mit ihnen spielen, statt mich in meinen einsamen Winkel zu verkriechen. Ich bot an, ins Hotel zu gehen. Aber nein, sie sagten, sie hätten sich schon erkundigt: Um diese Jahreszeit sei alles hoffnungslos überfüllt. Und im Übrigen hegte keiner die Absicht, mich abzuschieben. Ich würde einige Tage das Zimmer mit Henrietta teilen, denn Pierre träfe erst Ende der Woche ein. Danach zöge ich zu Rosa, der Tochter von Vionne, man würde mir ein Bett hineinstellen. Diese Pläne für die unmittelbar bevorstehenden Tage wurden mir direkt dort, auf den gekalkten Stufen von Hydra, unterbreitet, inmitten bezaubernder Häuser, unter uns das Klirren der Masten im Hafen, das Meer. Ich hätte die schöne Aussicht. Meine Freunde, die mich mochten. Die Kinder hatten ihre Arme um meine Hüften geschlungen. Carlos trug meinen Koffer. Blitzschnell zog ich im Geiste Bilanz. Was hätte ich mit einem eigenen Zimmer anfangen sollen?

Am Morgen stand ich vor Henrietta auf. Die Schlafzimmer gingen auf eine riesige Terrasse hinaus. Ich wusste nicht so recht, wohin ich mich wenden sollte, ohne die Schlafenden, die Paare zu stören. Ich steuerte auf einen Liegestuhl zu, um ein Buch zu lesen. Der hölzerne Rahmen des Stuhles knarzte, und mein Nacken verkrampfte sich. Hatte ich zu viel Lärm gemacht? Kaum ahnte eines der Kinder, dass ich wach war, tauchte es vor mir auf und hielt mir eine Schachtel Frühstücksflocken hin. Es hatte Hunger. Ich erhob mich mit einer Vorsicht, die ich mir hätte sparen können, denn das Kind stob in Richtung Küche davon, und seine nackten Füße klatschten laut auf dem Fliesenboden auf. Ich brachte ihm bei, wie man flüstert. In der Annahme, dass es sich um ein Spiel handle, wisperte es zunächst ganz leise, dann aber begann es so ohrenbetäubend zu kreischen, wie sich nur irgend denken lässt. Die anderen Kinder erschienen eines nach dem anderen auf der Bildfläche. Ich deckte auf der Terrasse. Ich machte die Milch warm, holte die Marmeladen heraus. Bei Tisch verscheuchte ich die Bienen, sie flößten ihnen Angst ein. Ich erzählte ihnen bruchstückhafte Episoden aus der *Odyssee.* Sie lauschten mir aufmerksam. Wieder und wieder streckte ich den Arm aus, um ihnen die unermessliche Weite Griechenlands anzudeuten, mein Nachthemd kam mir spontan zupass mit seinem für ein Kind geradezu phantastischen Faltenwurf. Sie sagten: »Du bist schön.« Sie fragten, warum ich keinen Geliebten hatte. Ich erwiderte, dass sie meine Geliebten seien. Sie umschlangen zärtlich meinen Arm. Lehnten sich genüsslich an mich an. Vertrauten mir Geheimnisse an, die ich natürlich nicht verraten würde, sie betrafen unflätige Ausdrücke, die sie aufgeschnappt hatten, sowie die nächtlichen Aktivitäten ihrer Eltern. Ohne dass ich etwas gesagt hätte, machten sie sich daran, den Tisch abzuräumen, um zu beweisen, wie stark uns unsere persönliche Abmachung zusammenschweißte. Nun, da es überhaupt keine Rolle mehr spielte, ob sie laut waren, sprachen sie ganz leise. Sie sagten: »Wir haben dich lieb.« Ich begriff, wie es in vergangenen Zeiten, die im Übrigen noch gar nicht so weit zurücklagen, dazu kommen konnte, dass Frauen sich auf diese Weise in Familien eingliederten, Kinder großzogen, die sie nicht selbst zur Welt gebracht hatten, und eines Tages merkten, dass sie eine zentrale Stellung einnahmen.

Eine Autorallye in der Sahara. Er hatte mich mitgenommen. Sie hatte zu viel Arbeit, konnte nicht reisen. Es hätte nicht viel gefehlt, und er wäre nicht geflogen. Keiner hatte Lust, ihn zu einem echten Rennen zu begleiten, bei dem man nur vier Stunden pro Nacht schlief, bei dem einem der Sand bis unter die Haarwurzeln kroch. Doch dann war ich ihm in den Sinn gekommen. Seine Frau hatte erklärt: »Ja, mit ihr, das ist in Ordnung.«

Morgens fuhren wir bis zu dem Augenblick singend vor uns hin, in dem wir im Sand stecken blieben. Die Räder drehten durch, egal welchen der diversen Schalthebel wir betätigten. Wir mussten zehnmal am Tag die Sandboards rausholen. Ab zwei Uhr nachmittags waren wir dann bereits erschöpft. Glücklicherweise brach die Dunkelheit früh herein. Auf den sogenannten »Duo«-Etappen durfte man sich am Abend nicht mit den anderen im Camp einfinden. Das war Teil der Wettbewerbsbedingungen. Man musste zusehen, wie man zurechtkam. Wir aßen Konserven und Kekse zu Abend. Brachten Stunden damit zu, das kleine Zelt aufzubauen, und wenn es einigermaßen ordentlich stand, krochen wir völlig überdreht hinein. Wir hatten uns so köstlich amüsiert. Wir waren nicht mehr müde.

Eines Abends lagen wir Seite an Seite auf dem Rücken, jeder von uns in seinen im Schottenkaro gemusterten Daunenschlafsack gemummt, den Reißverschluss bis zur Nase hochgezogen. Im Februar sind die Nächte in der Sahara eisig.

Er fragte, ob es mir nicht fehlte.

Die klare Luft weckte in mir das Verlangen, aufrichtig zu sein. Ich gestand, dass mir hin und wieder durchaus gewisse Fragen durch den Kopf gingen. Hatte ich wirklich so eine große Wahl? Ich hatte den Eindruck, dass meine Wahlmöglichkeiten vornehmlich darin bestanden, mich entweder erneut mit Männern einzulassen oder wieder zum Kind zu werden. Denn was gäbe es sonst noch für Möglichkeiten? Ich hätte nicht genau sagen können, wovor ich geflohen war, nur eines wusste ich sicher, nämlich, dass ich meine Füße in den Sand stemmte bei der Vorstellung, dorthin zurückzukehren. Also von daher?

Er hörte mir zu. Er hörte doch zu, oder? Ich vernahm nur ein gleichmäßiges Atmen und fragte mich schon, ob er nicht eingeschlafen war in der Dunkelheit des Zeltes. »Das Leben ist nun mal schwierig.« Ich dachte, er teile mir das mit, weil er mich wegen meines nicht vorhandenen Sexuallebens als eine Art außerirdisches Wesen betrachtete, für das man die menschlichen Sitten und Gebräuche zusammenfassen musste. Aber nein, er war im Begriff, mir sein Herz auszuschütten. Er erklärte mir, dass diejenigen, die einander durch körperliche Liebe verbunden seien, ebenfalls ihre Sorgen hätten. Er, ja selbst er habe ungeachtet seiner Gefühle für diese Frau, der er sich körperlich verschrieben habe, zu kämpfen. An manchen Abenden wisse er nicht mehr zu unterscheiden, ob ihn das Bedürfnis, empfangen zu werden, die Furcht zu enttäuschen oder das echte Begehren dazu trieb, Liebeserklärungen abzugeben. Er erzählte mir von den Abenden, an denen er sich wie ein Raubtier fühlte. Wenn er nach Hause zurückkehrte, quälten ihn erschreckende Ausbruchsgedanken. Er phantasierte sich ein Doppelleben zurecht, malte sich aus, er sei ein Spion und könne sich zahlreiche Seitensprünge erlauben. Und hinter diesem abseits vom Lichte der Öffentlichkeit ausgeübten Beruf, der ein reines Alibi war, erkannte er in sich den sexuell Ausgehungerten. Am Abend, auf dem Rückweg von der Arbeit, streifte er durch den Wald bei Meudon, auf den Teil zu, in dem die Transvestiten warteten, ergriff im Geiste jede Menge Initiativen zu fleischlichen Genüssen, die jedoch nirgends hinführten, denn ohne recht zu wissen, wie er dort hingelangt war, fand er sich schließlich vor seiner eigenen Haustür wieder. »Du hast gar keine so schlechte Lösung gefunden«, vertraute er mir im Schutze des Zeltes an. Mehr würde er nicht mehr sagen. Denn sonst hätte man uns vielleicht auf Grund der außergewöhnlichen Stille bis nach Meudon hören können, wo die Frau seines Herzens weilte.

IV

Dieser hier war einst ein Star. Jetzt ging er abends alleine ins Restaurant du Palais-Royal, setzte sich an einen – für ihn reservierten – Tisch, abseits der Menge. In gewisser Weise inszenierte er noch immer seine Show: Der gesamte Saal wohnte seinem melancholischen Mahl bei. Die Leute, mit denen ich an jenem Abend dort war, kannten ihn. Wir blieben stehen. Er deutete auf die leeren Stühle um sich herum, sie kündeten von einer Ödnis, die karger war als die Sahara. »Wollen Sie mir nicht Gesellschaft leisten?« Wenngleich er zur ganzen Gruppe sprach, war es mein Ärmel, an dem er zog, so wie man an einer samtig schimmernden alten Glocke zieht, um mich zu nötigen, mich neben ihn zu setzen. Er nahm die Frauen gleichsam mit einem Kopfnicken in Besitz. Meine Bekannten waren verwirrt. Ich wunderte mich ebenfalls. Was hatte ausgerechnet ich, die ich so sehr auf Rückzug gepolt war, an mir, das einen solchen Mann interessieren könnte? Er fragte mich so, dass keiner es hören konnte, was ich zwischen diesen Leuten zu suchen hätte, so, als hätte ich Besseres verdient. Die Geringschätzung, die er für sie zeigte, vermittelte eine Vorstellung davon, wie wenig wahre Freunde er besaß, denn sie zählten doch immerhin ganz offensichtlich zu seinem Freundeskreis. Ich erwiderte, dass man nicht immer nur Nein sagen könne und dass diese Freunde mich auf andere Gedanken brächten. Darauf wollte er sogleich wissen, ob ich sehr einsam sei. Ich vermochte nicht zu entscheiden, ob er es erahnt hatte oder ob er es einfach nur hoffte und mich heiraten wollte. Sobald man kein Liebesleben mehr hat, treten die Märchen auf den Plan. Diese Dinge erscheinen dem Träumer eines Tages normal. Ich fasste mir ein Herz: »Ich bin wahnsinnig einsam, und Sie?« – »Ich«, flüsterte er, »bei mir gibt's absolut nichts zu vermelden.« Und er fügte hinzu: »Aber ich besitze zum Glück einen Monet …« Ich wusste haargenau, von welcher Art Sublimation er da zu mir sprach, ich erkannte einen, der sich in die Kunst flüchtet. Mein eigener Lebensentwurf sah ja ähnlich aus, zwar ohne Monet, aber dafür mit meinen Büchern, mit guten Filmen, der Musik. Ich versetzte diesem Mann einen sanften, kollegialen Schulterstoß. Er legte den Arm um mich, nicht ohne der Tischgesellschaft zu erklären, dass ich ihm sympathisch sei. Ich hatte soeben gelernt, dass zwei einsame Herzen sich stets etwas zu sagen haben.

Er verabschiedete sich auf dem Trottoir vor dem Restaurant von uns. Kaum entfernte sich sein markiger,

Kult gewordener Rücken die Straße hinab, rückte jeder mit seiner Anekdote heraus. Binnen weniger Minuten wurde eine Bestandsaufnahme vom Lebenswandel, den Mätressen und Liebhabern dieses schönen Mannes erstellt. Man ist doch immer wieder sprachlos, was sich die Leute alles an intimen Details aus dem Dasein eines anderen zu enthüllen erlauben.

Henrietta erklärte, ich sei ein Spiegel. Sie baute sich vor mir auf, die Arme rechts und links am Körper, den Kopf zur Seite geneigt, und blickte mir in die Augen, während sie ihre Geheimnisse mit den meinen verglich. Ich wagte es nicht, mich zu rühren, man denke bloß, dass ich dadurch etwas von unserer Aufrichtigkeit zerstört hätte. Sie, die das genaue Gegenteil von mir war, auf der Welt, um sich tiefer einzulassen und etwas aufzubauen, ja, selbst ihre Begabung für die toten Sprachen hatte ihren Teil zu ihrem Streben nach Nähe beigetragen – sie stärkte mir den Rücken, indem sie sagte, dass meine Existenz beruhigend auf sie wirke und ich recht daran tat, mir eine Verschnaufpause zu gönnen.

Sie war die erste meiner Freundinnen gewesen, die eine ernste Liebesbeziehung mit einem Mann eingegangen war. Pierre, seinerzeit Jurastudent, war bei ihr aufgetaucht, als sie neunzehn war, und zum untrennbaren Bestandteil ihres Lebens geworden. Die erste, die die

Konsequenzen akzeptierte. Sie erkannte bereitwillig an, dass der Körper des anderen seinen Raum beansprucht. Das änderte nichts an ihrer Bejahung der Situation. Sie hatte früher als andere erkannt, dass alles seinen Preis hat im Leben. Und ausgerechnet diese Henrietta, die sich vollkommen konform verhielt, emanzipierte sich von der Gruppe, zeigte sich offen für meine Andersartigkeit und wurde zu einer vergnügten Verbündeten, die mich am Rande der Sippe hätschelte.

Nun, eines Tages waren wir im Hamam, und meine Freundin hatte mir ihr tropfnasses Gesicht zugewandt und mich gefragt: »Wie lange geht das nun schon, dass bei dir nichts mehr läuft?« Nichts mehr? Ich konnte es nicht fassen, dass ausgerechnet sie diese Frage stellte. Ich erinnerte sie daran, dass ich den Zustand der Schwerelosigkeit erreicht hatte und dass Robert Redford mich liebte. Sie wischte sich die Wassertropfen ab, und ihr rutschte heraus: »Man kann doch irgendwelche Wahnvorstellungen nicht als Liebesfreuden bezeichnen.« Worauf ich mich fragte, was sie dann wohl unter Liebesfreuden verstand. Leider Gottes hatte ich keine Chance zu diskutieren. Denn schon begann Henrietta unter Zuhilfenahme ihrer Finger auszurechnen, wie unanständig lang meine Askese schon währte. Sie hatte noch einmal nachgezählt, um mir eine zweite Chance zu geben, für den Fall, dass sie einen Denkfehler gemacht hatte. Sie holte mich wieder auf den Boden der Realität zurück. Meine Ekstasen, meine kostbaren Ekstasen lösten sich in Luft auf. Ich fühlte mich wie ein dummes Schulmädchen, das glaubt, es habe eine gelungene Arbeit abgeliefert, und dann liest der Grundschullehrer diese Arbeit durch und streicht die Hälfte der Wörter an. Das ist betrüblich – jemand, den man gerne hat und der einem nicht folgen kann. Und was wollte sie mir vermitteln, indem sie anzweifelte, dass bei mir alles im Lot war? Seit dem gemeinsamen Lateinlernen hatte sich nichts geändert, ich war unfähig, Fortschritte zu machen.

Ebenso plötzlich, wie sie mich zu martern begonnen hatte, erklärte sie: »Vergiss, was ich da erzähle.«

Die Vergnügungsanlage nannte sich »Monsterpark«. War die fällige Eintrittsgebühr entrichtet, stürmten die Kinder die Rutschbahnen, Kletterwände, Schaukeln, dreisitzigen Karussells und schrien von dort »Mama!«. Selbst wenn sie schon selbstständig waren, lauerten sie noch auf eine Aufmerksamkeitsbezeugung. Sie, hier neben mir, musste aufstehen und stürmischen Beifall spenden. Sie klagte, dass ihre Kinder sie in einem fort mit ihren Bitten und Forderungen bedrängten. Verhielten sie sich ruhig, glaubte sie hingegen, sie verloren zu haben.

Wir waren uns zu Studienzeiten sympathisch gewesen. Heute lebte sie in Basel, Welten entfernt von dem einstigen Alltag zwischen Rue des Écoles und den Filmreihen in der Cinémathèque française. Ihre sündteure Tasche, ordentlicher eingeräumt als ein Verkaufsständer, eine Kompensation für das verheißungsvolle Chaos vergangener Tage. Sie war mit einem Industriellen liiert, der sich auf Biotechnologie spezialisiert hatte.

Ich überlegte gerade, dass es nicht besonders lustig sein müsste, in Basel zu leben. Genau in dem Moment begann sie mir in aller Ausführlichkeit zu schildern, wie phantastisch es in ihrer Beziehung um die sexuellen Aktivitäten stand. Es ging ganz schön hoch her in Basel, um das mal so zu sagen. Es war nämlich so, dass die Leute hier regelrecht besessen waren. Der Penis des Industriellen hatte etwas von einer unersättlichen Puppe. Sie schien darauf bedacht, nur ja kein Detail auszulassen. Doch es gab zu viele davon, und sie musste darauf verzichten, sämtliche Varianten ihrer Befriedigung aufzuzählen. »Kurzum, wir treiben es unaufhörlich«, hatte sie zusammengefasst. Sie fand, Sex sei so eine natürliche Sache. Wie Atmen. Dass sexuelle Lustbarkeiten sie derart reizten, rührte von einem Talent, über das sie verfügte, ja, von dem echten Talent, zum Orgasmus zu kommen. In Basel trat sie auf ihren Balkon hinaus, strich zärtlich über die hölzerne Brüstung und dankte dem Himmel, dass sie eine Epikureerin war, dass sie Speichel, Milchreis, Säfte und Körper liebte. Sie kaufte sich verführerische Dessous in einer Londoner Boutique, die ich vermutlich nicht kannte. Sie nahm immer das vollständige Ensemble, das war hübscher. Wobei sie bei den Oberteilen einen deutlich höheren Verschleiß hatte, denn der Industrielle zerrte so ungestüm daran, dass sie rasch ausleierten. Sie besaß daher zu viele Seidenshorts, sie würde mir welche mitbringen, wenn sie das nächste Mal in Paris auf Durchreise war.

Doch obschon sie sexuell mehr als erfüllt war, hatte sie Lust auf andere Männer. Jahrelang hatte sie ihrem Lebensgefährten bestimmte Träume verheimlicht. Sie hatte Unrecht daran getan. Als sie sich entschlossen hatte, die Karten offen auf den Tisch zu legen, war das durchaus produktiv gewesen. Der Industrielle fand die Idee, dass man sexuelle Wünsche laut äußern durfte, großartig. Er hatte ihr seine eigenen ungewöhnlichen Vorlieben mitgeteilt, wobei auch eine andere Frau eine Rolle spielte. Er sah im Geiste sie und diese Frau vor sich, wie sie sich liebten, und dann war er an der Reihe und liebte diese Frau und danach sie, und auf diese Weise hatte jeder Sex gehabt. Sie hatte Geschmack gefunden an dem Szenario. Sie hoffte, ich bekäme das jetzt nicht in den falschen Hals, aber sie hätten dabei in erster Linie mich vor Augen. Sie stellten sich meine Schamhaftigkeit vor, malten sich aus, wie ich mich schüchtern verweigern würde. Das elektrisiere sie.

Ich kannte sie über die Clique. Eine echte Nachtschwärmerin. Ich ging wenig aus, doch kaum hatte ich mich, todmüde, von einem Fest verabschiedet, tauchte sie auf. Sie legte mir gegenüber einen solchen Überschwang an den Tag, als sei die Begegnung mit mir die freudige Überraschung des Abends schlechthin. Und fragte dann: »Gehst du etwa schon?« Um vier Uhr morgens!

Sie hatte sich meine Telefonnummer beschafft. Es war mir unweigerlich klar, wie wichtig dies Treffen wäre, da sie mich bereits eine Woche im Voraus angerufen und verlegen stotternd darum gebeten hatte. Eine strahlende Schönheit, die nun vor mir saß, in kesser Haltung, die ihren Busen unter dem hautengen Pullover bestens zur Geltung brachte. Ihr hoch angesetzter Pferdeschwanz, das ungeschminkte Gesicht, und mitten darin der scharlachrote Mund.

Die latente Verruchtheit, die ihr Blick erahnen ließ.

Die Hände flach auf die Resopalplatte des Cafétischs gelegt, hatte sie soeben zu mir gesagt: »Ich beneide dich.« Sie wollte damit ihren Respekt vor meiner Entscheidung für ein Dasein ohne Männer zum Ausdruck bringen. Schon gleich als sie erfahren hatte, was ich nicht lebte, hatte sie sich mit dem Gedanken getragen, sich mir zu offenbaren. Doch es hatte Monate gebraucht, bis sie sich dazu durchgerungen hatte, mich anzurufen. »Ich bin beeindruckt von dir«, sagte sie. Eine Ungarin. Ihr Französisch war exzellent. Sie hatte in Paris Geografie studiert, lebte in Brüssel, arbeitete dort seit einem Jahr für den Rat der Europäischen Union. Sie würde Karriere machen. Sie hatte diese Wunderleistungen vollbracht, um aus ihrem Land wegzukommen. Doch das war nicht das Einzige, was sie hinter sich lassen wollte, es gab noch andere Dinge, denen sie abschwören wollte. Seit ihrer Jugend war sie für die Männer Freiwild gewesen. Ihr Busen und ihre Hüften hatten früher als bei ihren Altersgenossinnen Kontur angenommen und das Ende eines friedlichen Daseins besiegelt. So weit sie sich zurückerinnerte, hatte sie sich von den Männern abschleppen lassen. Sie gab den aufwallenden Gefühlen nach. Obwohl. Es verschaffte ihr ein Vergnügen, das sie im Grunde kalt ließ. Als sie sechzehn war, hatten die Jungen aus ihrer ungarischen Heimatstadt Debreczin sie an dem See bei ihrem Haus mit Komplimenten überhäuft, und sie hatte intuitiv gespürt, dass sie es eines Tages gründlich satthaben würde, von aller Welt verehrt zu werden. Heute sei sie mit dem Thema Männer durch. Sie habe lange gebraucht, um sich dies klar einzugestehen. Sie müsse zugeben, dass man sich die meiste Zeit über einzig und allein deshalb ruhig verhalte, weil man, sobald man sich offen zu den Dingen bekenne, keine Ausrede mehr habe, sich vor dem nächsten Entwicklungsschritt zu drücken.

Ich wollte wissen, warum sie das ausgerechnet mir erzählte. »Weil ich so bin wie du«, antwortete sie. Ich fragte, ob ich ihr in irgendeiner Weise behilflich sein könne. Sie bewegte sich kaum merklich zur Seite, ihre Brüste wölbten sich noch üppiger unter dem Pullover hervor, und ich sah den scharlachroten Mund dieses Mädchens abrupt auf den meinen zuschießen. Reflexartig schützte ich mein Gesicht. Ihre Lippen waren so voll und so stark geschminkt, dass sich in dem Moment, als ich abwehrend die Hände hob, mein Daumennagel hineingrub. Mein Tee ergoss sich über mich. Sie versuchte, mich mit einer Serviette trocken zu tupfen.

Da ich nicht an Männern interessiert war, hatte sie gedacht, ich würde mich für Frauen interessieren.

Café Le Bonaparte, ich hatte Axel soeben von dem verschütteten Tee erzählt. »Was für ein Missverständnis … Was für ein dummes Missverständnis …«, wurde ich nicht müde zu wiederholen. Ich machte mir Vorwürfe, dass ich so heftig reagiert hatte.

Er hatte mir Erdnüsse knabbernd zugehört. Ich erwartete, dass seine Gedanken sich punktgenau mit meinen eigenen deckten, denn das war für gewöhnlich der Fall. Doch entgegen unserem üblichen Einvernehmen fragte er, während er dem Kellner das leere Schälchen reichte: »Und wenn du Frauen liebtest?« Er musterte mich nochmals prüfend und mit einer solch leidenschaftlichen Schärfe, als ginge es darum, einen Hasen aufzuscheuchen.

Axel kannte mich seit meiner Kindheit. Er hatte mir das Schwimmen beigebracht, hatte mir eines Tages im Freibad die Schwimmhilfen abgenommen und mich glauben gemacht, dass er die Hand unter meinem Bauch habe, während ich mich in Wirklichkeit allein über Wasser hielt. Er hatte Ähnlichkeit mit Richard Burton. Ich hatte Sprachwissenschaft studiert, wäre aber seinetwegen beinahe Informatikerin geworden. Er hatte die Datenautobahnen vorhergesagt, die öffentliche Verbreitung privater Dinge, die Schnelllebigkeit, die weitreichenden Auswirkungen der virtuellen Welt, hatte prophezeit, dass die Filme günstiger würden, Musik gratis zu haben wäre. Und dieser Mann, der seiner Zeit so weit voraus war, fragte mich, ob ich Frauen liebte?

Ich vertiefte mich eine halbe Ewigkeit in meine innersten Neigungen, fahndete in einem selten inspizierten Dunkel nach dem, was mir gefiel, nach dem, was ich nicht schätzte, nach dem, was ungeachtet meines nicht existenten Sexuallebens in mir etwas zum Klingen brachte, und dem, bei dem sich nichts regte. Kurzum, ich hatte meine Seele schließlich bis in die hintersten Winkel erforscht. Ich hob das Kinn und sah Axel an: »Nein, ich mag Männer.« Er geriet daraufhin außer sich: »Aufgrund welcher wundersamen Eingebung bist du dir da so sicher, wenn du es gar nicht ausprobiert hast?« Ich machte geltend, dass ich es hier, vor seiner Nase, probiert hätte, indem ich die Möglichkeit im Geiste durchspielte. Um einem weiteren Einwand zuvorzukommen, fragte ich, ob er sich denn vorstellen könne, etwas mit einem Mann anzufangen. Zu meiner großen Überraschung gestand er, dass er dazu vermutlich in der Lage wäre, sofern er dabei nicht in einen

Mann eindringen oder sabbernde Liebkosungen über sich ergehen lassen musste. Schlimmstenfalls müsse er ja nur die Augen schließen und sich ausmalen, dass der Mann eine Frau sei. Er müsse ferner zugeben, dass es besser wäre, der Mann hätte lange Haare und lackierte Fingernägel.

Wir hatten uns auf der Straße draußen verabschiedet. Er knuffte mich in den Arm: »Also, ich werd dir was sagen … Ich finde es jammerschade, dass du in dieser Stadt, in der es von Frauen nur so wimmelt, keine zu begehren vermagst.« Ob ihm wohl klar war, dass er von sich selbst sprach?

Gordon war mein Stockwerksnachbar. Immer im Anzug. Im Finanzwesen tätig. Die Hausmeisterin des Gebäudes und ich hatten uns darüber gewundert, dass ein gutbürgerliches Paar sich dafür entschieden hatte, eine Atelierwohnung zu beziehen. Am Palmsonntag befestigte seine Frau, eine kleine Person, die ihre Jacke im Jagdlook noch farbloser erscheinen ließ, einen grünenden Zweig an ihrer Tür. Sie hatten drei große Kinder, die bereits aus dem Haus waren. Und die am Sonntag zu Besuch kamen, steif und mit finsterer Miene. Kein Lachen war zu hören, und dennoch lauschte ich. Der Geruch nach Lammkeulen rief in mir die Sehnsucht nach einer Familie wach. Nachdem sie sich ordentlich den Bauch vollgeschlagen hatten, brachen die Kinder wieder auf und stürmten die Treppe hinunter. Ja, eigentlich flohen sie regelrecht.

Eines Abends, als ich aus dem Kino heimkehrte, fand ich Gordon vor seiner Wohnungstür, wo er im Schlafanzug auf dem Teppichboden neben seinem

Fußabstreifer saß. Er hatte die Blätter von dem grünen Zweig abgezupft, der zugegebenermaßen schon seit Monaten vertrocknet war, und hatte sie zu Pulver zermahlen. Das machte keinen guten Eindruck. Ich dachte, er habe seine Schlüssel beim Rausgehen vergessen, vielleicht als er den Müll runtergetragen hatte, und dann sei die Tür zugefallen. Die Situation war so grotesk, dass Gordons übliche Reserviertheit verflogen war: Ich brauchte ihm nicht groß zuzureden, er folgte mir sogleich bereitwillig in meine Wohnung.

Man glaubt, die Leute würden Skrupel haben, einem ihr Herz zu öffnen, und dann ist das Gegenteil der Fall. An jenem Abend hatte Gordon einen Annäherungsversuch bei seiner Frau gestartet. Sie hatten getrennte Schlafzimmer. Daher hatte Gordon Folgendes getan: Er hatte bei der Chefin des Hauses an die Tür geklopft, war eingetreten, hatte sich aufs Bett gelegt und sich an den weiblichen Körper geschmiegt, zärtlich, aber ohne auch nur im Geringsten um Erlaubnis zu fragen. Und sie, sie hatte Zeter und Mordio geschrien, was ich sicherlich gehört hätte, wenn ich zu Hause gewesen wäre. Da sei es mit ihm durchgegangen, nicht zuletzt aufgrund des lauten Gezeters und auch weil endlich etwas passierte, und er hatte weitergemacht, genauer, hatte seinen Kopf grunzend zwischen die Schenkel seiner Frau gerammt. Sie hatte ihm nahegelegt, sich nicht wie ein Idiot zu gebärden, und hatte in die Luft getreten, nur, dass sie dabei leider Gordon am Schienbein traf. Er war darüber zutiefst verbittert gewesen und hatte verkündet: »Wenn das hier so ist, dann ziehe ich eben aus!« Sie, flink wie ein Wiesel, war noch vor ihm aus dem Bett draußen gewesen, hatte die Tür des Ateliers geöffnet und erklärt: »Die Tür steht offen.« Obwohl seine Frau dort im halb offenen Nachthemd vor ihm stand, war ihm nichts anderes übriggeblieben, als die Wohnung zu verlassen, denn sonst hätte er endgültig sein Gesicht verloren.

Er bedauerte aufrichtig, dass er mich mit seiner häuslichen Katastrophe belastete, und wollte wieder gehen. Doch letztlich konnte er ja nicht immerfort davonlaufen. Ich hatte ihn gezwungen, sich wieder zurück auf mein Sofa zu setzen. Seit fünf Jahren wollte seine Frau nicht mehr, dass man sie berührte. Sie hatte Gordon darauf hingewiesen, dass Männerleiber abstoßend seien. Das letzte Mal, vor fünf Jahren, hatte er nackt vor ihr gestanden, und sie hatten diese Behauptung gemeinsam überprüft. Er hatte zugeben müssen, dass die männliche Physiognomie sonderbar war. Sie hatte präzisiert: Gordon war hinsichtlich seines Körpers nicht stärker von der Natur benachteiligt als andere, sein Pech war nur, dass er näher an ihr dran war, das war alles. Diese Enthüllungen hatten Gordon zutiefst gekränkt, schon seine Mutter hatte ihn seinerzeit zum Vater abgeschoben. Was zu viel war, war zu viel, und er konnte sich getrost ein neues Leben aufbauen – zu dieser Erkenntnis brachte Gordon ein Psychoanalytiker, den er aufsuchte, um die Situation für sich zu klären. Wobei man nicht so recht wusste, ob dies aus männlicher Solidarität oder in Anlehnung an die Freud'sche Lehre geschah. Nach einem endlos langen Jahr der Entbehrung und der Introspektion hatte Gordon seiner Frau eine Trennung vorgeschlagen. Sie hatte sich geweigert. Stattdessen hatte sie es so eingerichtet, dass aus ihrem täglichen Leben jeglicher Körperkontakt verbannt war. Nach fünf Jahren berührte sie Gordon allenfalls noch, wenn ein Staubkörnchen seinen Anzug verschmutzte. Manchmal sorgte er absichtlich dafür, dass Staub darauf war.

Gordon tröstete sich mit Prostituierten. Ihm war bewusst, dass sie ihn nicht begehrten, doch vielleicht begehrten sie ja zumindest ein wenig die äußeren Umstände, das schöne Hotel, das Mysterium, das Gordon umgab, seine Reinlichkeit? Ja, er ging so weit, diesen Mädchen ihre unverhohlene, dreiste Verachtung als Pluspunkt anzurechnen. Er war eines Abends in Nizza auf den Geschmack gekommen. Er hatte im Aufzug gestanden, auf dem Weg in die siebte Etage hinauf. Die Aufzugtür hatte sich in der dritten Etage auf ein prachtvolles Geschöpf hin geöffnet, das vor ihm aufgepflanzt stand, eine Hand in die Hüfte gestemmt, in einem edlen, karamellbraunen Ledermantel. Ohne sich zu rühren, hatte sie auf Französisch, mit starkem slawischem Akzent, verkündet: »Ist innen Fell.« Diese Worte hatten Gordon stärker als das Mädchen selbst in ihren Bann gezogen. Die Aufzugtür begann sich wieder zu schließen, das Mädchen rührte sich noch immer nicht. Adieu. Gordon war zu jener

Zeit so chronisch niedergeschlagen, dass er nicht einmal ansatzweise die Energie aufgebracht hätte, ein Begehren zu äußern. So geschah es, dass das Mädchen, das sich als erstaunlich kräftig erwies, im letzten Augenblick mit einem einzigen Finger die Türe am Zugehen hinderte. Sie war eingestiegen. Und es war klar, dass sie um seinetwillen mit hinauffuhr.

Er hatte nicht eine Sekunde an seine Frau gedacht. Sein körperliches Leben hatte nichts mehr zu tun mit dem Pariser Atelier. Hinter ihm lagen fünf Jahre, in denen er sich ausschließlich selbst befummelt hatte. Fünf Jahre lang hatte er seinen sinnlichen Genuss selbst erzeugt, allein in seinem Bett, auf Reisen. Er hatte von seinem Notstromaggregat gezehrt und dabei von der Liebe geträumt, der Liebe seiner Frau, warum auch nicht? Man weiß ja schließlich, dass die Liebe eine komplizierte Angelegenheit ist. Dass die Sexualität in Form der absoluten Verderbtheit in sein Leben zurückkehrte, war der unerwartete Aspekt der Geschichte. Im Zimmer war der Mantel zu Boden geglitten und offenbarte seine Innenseite aus gewachsenem Fell. Er starrte ihn unverwandt an, sein Blick wie in Trance. Und das hatte das Mädchen bemerkt – es erinnerte sich an die Szene im Aufzug, es erinnerte sich, dass er mit Worten zu ködern war, und es hatte ihm welche serviert. Er, dessen vordringlichstes Problem der Zweifel war, ob sein Körper noch dazu in der Lage sein würde, war verblüfft, wie leicht das Begehren sich einstellte. Sie warf ihm diese Worte vor, schmackhafte kleine Fische, die man einem Seelöwen zuwirft, und er stürzte sich mit offenem Maul darauf, erfüllt von einem unbeschreiblichen Glücksgefühl. Außerdem lag da natürlich so etwas im Blick dieses Mädchens. Die unausgesprochene Zustimmung zu verdorbenen Spielen, eine große Offenheit. Sie stellte dies unter Beweis, indem sie an nichts Anstoß nahm. Er wagte sich mit unsagbaren Ansinnen an sie heran. Das Mädchen hatte sich den Zaubermantel wieder über die Schultern gezogen und den Preis für ihre Dienstleistung genannt. Obgleich dieser exorbitant war, hatte Gordon es spottbillig gefunden.

Kein Mann hatte mir je davon erzählt, dass er regelmäßig Prostituierte aufsuchte. Ich musste erst zu diesem Neutrum werden, damit man mir gegenüber so rückhaltlos offen war.

Sobald sie einen Mann kennenlernte, rief sie mich an und brachte mich als Erste in den Genuss brandaktueller Informationen, denn diese erreichten mich, noch während derjenige im Nebenzimmer schlummerte. Mein Telefon klingelte in den frühen Morgenstunden, und obwohl ich haargenau wusste, dass sie es war, bekam ich es jedes Mal mit der Angst zu tun. Wie oft wurde mir in aller Herrgottsfrühe mitgeteilt, dass jemand gestorben war.

Es gab dieses Ritual zwischen uns, bei dem sie fragte: »Ich habe dich doch hoffentlich nicht geweckt?« und bei dem ich verneinte, was natürlich gelogen war. In ulkigem, gedämpftem Ton erkundigte sie sich: »Kannst du mich so hören?« Ich, friedlich in meinem Bett liegend, konnte sie wunderbar hören. Sie war gezwungen, leise zu reden, um den Schlafenden im Nebenzimmer nicht zu wecken. Wenn sich das Ganze in einem Hotel abspielte, rief sie vom Bad aus an. Nur, wozu diese ganzen Umstände? Sie weckte nie jemand anderen als mich. Nach einer Weile vergaß sie ihre Vorsicht und sprach normal. Nebenan im Bett zuckte der Partner nicht mit der Wimper. Da hätte schon ein Wunder geschehen müssen, dass ein Mann aus dem Totenschlaf erwacht wäre nach dem, was sie, wie sie mir nachdrücklich beteuerte, getrieben hatten. Es war ja schon verrückt genug, dass sie selbst in der Lage war, ein Gespräch zu führen.

Jeder ihrer Kandidaten stellte sich noch geschickter an als sein Vorgänger. »Mit ihm, das war wirklich eine Offenbarung für mich.« Sie vergaß, dass sie diesen Satz bereits Dutzende Male geäußert hatte. Sie pflückte mir haarklein ein besonderes Kunststück auseinander, und noch eines, und wenn ich nicht reagierte, förderte sie ein drittes zum Vorschein und legte es auf den Seziertisch. Sie zauberte sie aus dem Hut wie ein Magier seine Kaninchen. Oder aber sie erging sich in pauschalen Aussagen: »Wir haben die ganze Nacht kein Auge zugetan.« Ich dachte bei mir: Wenn alle Welt Liebe machte, gäbe es keine Verständigung mehr zwischen den Menschen. Doch um ihr einen Gefallen zu tun, zeigte ich mich begeistert. Bei unserem Ritus bedurfte es einer, die vorgab, außergewöhnliche Dinge erlebt zu haben, und eine zweite, die ihr beipflichtete, dass dies unglaublich war, auch wenn das gar nicht ihrer wirklichen Meinung entsprach. Ich konnte mir nicht vorstellen, die ganze Nacht nicht zu schlafen.

V

Ich weiß nicht, ob Liebe blind macht, doch ich hatte Grund zu der Annahme, dass einem das Alleinsein einen klareren Blick beschert. Ich saß auf der Esplanade von La Défense, um zwei Uhr nachmittags, ich hatte es mir auf einer Brüstung bequem gemacht. Ich war mit einem Freund von Pierre zu einem beruflichen Termin verabredet. Ein Märztag, makellos blauer Himmel. Ich fischte in meinem Tütchen nach Maronen. Männer und Frauen verschwanden unter der Erde oder tauchten daraus empor. Diejenigen, die spät dran waren, hatten die Schultern hochgezogen. Diejenigen, die überpünktlich waren, fixierten nervös das Geschäftszentrum. Bibbernd standen sie im Schatten der Türme. Oberhalb von uns der Grande Arche de la Défense. Die scharfkantige Rahmenkonstruktion, im Sonnenlicht. Das hätte ein Hoffnungsschimmer sein können. Die kolossale Architektur vermittelte jedoch nicht etwa ein Gefühl der Geborgenheit, sondern machte die allgegenwärtige, sinnlose Hektik noch deutlicher fühlbar. Es war merkwürdig, sich vorzustellen, dass jeden einzelnen dieser Menschen, die Kahlköpfigen, die kleinen Dicken, die Wettergegerbten, die Wulstlippigen, die Schlechtgekleideten, die mit den geschmacklosen Krawatten, die Fahlgesichtigen, dass jeden von ihnen ein anderer Mensch begehren konnte. Wie bei einem bildgebenden Verfahren in der Medizin sah ich diese ganze Welt, konfrontiert mit der Sexualität. Ich war voll der Ehrfurcht vor all dem und war mir sicher, dass es über meine Tatenlosigkeit erhaben war. Man kann schließlich leichten Herzens einräumen, dass die anderen nicht auf dem Holzweg sind, wenn man glücklich ist, nicht wie sie zu denken. Dieser Masse hier, ja, der fühlte ich mich derart fern. Und wenn ich nicht wegging von dort, wenn ich all dies in mich aufsog, so, weil ich es nötig hatte, auf der Esplanade zu sitzen; ich brauchte das Beispiel dieser Automaten, die im gesellschaftlichen Räderwerk gefangen waren. Ohne die Realität keine ach so süße Flucht. Man hat ein Handicap, und man münzt es um in eine besondere Fähigkeit. Emmanuelle Laborit, die sich im Fernsehen mittels Gebärdensprache verständlich macht: »Ich habe eine spezielle Gabe: Ich bin taub.«

Der Blick eines vorübergehenden Mannes kreuzte den meinen. Es war ein Wunder, dass er das geschafft hatte, denn ich vermied neuerdings jeglichen Blickkontakt. Er verlangsamte den Schritt, drehte sich um, bereits einige Meter weiter. Grauer Anzug. Seine Aktentasche hüpfte an seinem Bein auf und ab, er war nervös. Die Tauben wirkten wie seine kleinen Brüder. Er kaufte Maronen. Der indische Verkäufer erbot sich, sie eine nach der anderen auf dem Grill für ihn aufzuwärmen. Er nahm das Angebot an. Die Aktenmappe zu seinen Füßen, gezähmt. Und er, dieser Mann, stand zu mir gewandt und zündete sich eine Zigarette an. Seine Lüsternheit verdarb mir meinen schönen Tag. Ich würde mir einen anderen Platz suchen müssen.

Es konnte niemandem entgehen, dass Stan homosexuell war. Seine umwerfende Schönheit. Seine gezierte Haltung, wenn er saß, Arme und Beine übereinandergelegt wie Mikadostäbe. Die Akkuratesse, mit der er seine Finger ineinander verschränkte. Die vorbildlichen Bügelfalten in seinen Hosen. Sein Humor. Mit neununddreißig ein Vorleben, das seinesgleichen sucht.

Er führte mich zum Tanzen aus, nur, dass wir uns nicht auf die Tanzfläche begaben, um zu flirten. Wir zogen es vor, das dort versammelte Volk einer eingehenden Musterung zu unterziehen. Wir ließen uns auf eine Bank sinken, von der ein zweifelhafter Geruch ausging; wir waren uns unserer Andersartigkeit bewusst, unserer makellos weißen Hosen, unseres ganz persönlichen Lavendeldufts, und ich lauschte ihm, wie er mir die anderen beschrieb, den gemeinen Plebs dort vor unseren Augen. Stan war Stylist. Manche durchforsten die Modearchive, er tat sich wichtig, indem er sich über die mangelnde Eleganz der Leute ausließ. Er studierte sie eingehend, und seine poetischen Betrachtungen gipfelten schließlich darin, dass er sich über all das erhob, eine Art chemische Reaktion. Ich fragte mich, was ihn sein Humor und seine Kleidung vergessen halfen. Er war HIV-positiv gewesen, doch es war, als sei er dies nicht länger. Er sprach nicht darüber. Man musste ihn schon gut kennen, um zu verstehen, was sich hinter seiner panischen Angst vor Erkältungen verbarg, um das Ausmaß seiner Verstimmung über jedwede Art von Hautkrankheit zu erfassen. Einmal war er, geschwächt von einem Gelenkerguss, zehn Tage abgetaucht, dann war er im Café Marly wieder gesichtet worden, in einen hautengen Blazer gezwängt, einen mit geschnitztem Totenkopf verzierten Gehstock neben sich an den Tisch gelehnt.

An manchen Abenden sank sein Haupt gegen meine Wange. Sein Blick, von einem milchigen Blau, wie Balsam, floss in meine Seele hinein. Jedes Mal setzte er ein schuldbewusstes Grinsen auf, jedes Mal sagte er mir auf den Kopf zu, welches Parfum ich aufgelegt hatte, machte mich glauben, er sei mir nur deshalb so nahe gekommen, weil er sich diesbezüglich vergewissern wollte. Ungeachtet dessen, was man sich über Stans lasterhaften Lebenswandel erzählte, über ein haarsträubendes Wort, das angeblich in seinen Penis eintätowiert war, hätte ich meine Hand dafür ins Feuer gelegt, dass er in Sachen Sexualität genau wie ich ein reiner Beobachter war, einer, der über den Dingen stand.

Ich entsinne mich an ein junges Mädchen, mit zitronengelbem Minirock, schwarzem Top, und darüber platinblondes Haar. Sie schoss auf ihn zu, sie hatte ihn schon einmal gesehen und wiedererkannt oder aber kannte ihn sogar näher, wie auch immer, und er hatte mich am Arm gepackt. »Was will diese Biene Maja von mir?«

Gegen drei Uhr morgens kamen ihn zwei Assistenten abholen: »Stan, es geht weiter. Komm, wir nehmen dich mit.« Und das, ja, das bedeutete Orte des Nachtlebens, wo ich als Frau nichts mehr zu suchen hatte. Er versprach, mich nicht zu verlassen. Er wollte sein Leben mit mir verbringen. Warum heirateten wir nicht? Die anderen wurden ungeduldig. »Nun mach schon, los!« Er mimte denjenigen, der sich von niemandem Anweisungen erteilen lassen muss, und doch erhob er sich, zupfte um vier Uhr morgens seine Kleidung zurecht, knöpfte das Hemd zu, an dem nicht zufällig mehrere Knöpfe aufgesprungen waren – er liebte es, mir seinen Oberkörper zu präsentieren. Fortgezerrt von seinen Assistenten, streckte er verzweifelt die Arme nach mir aus und rang die Hände, gebärdete sich wie einer, den man gewaltsam von einem nahen Verwandten trennt.

Ein 25. Dezember, ich las *Nachtflug* von Antoine de Saint-Exupéry, in der Notaufnahme des Hôpital Cochin. Ich hatte mir eine Stecknadel eingetreten, sie war in meinem Fuß abgebrochen. Man würde sie mir herausziehen. Ich wartete, ich war mit meiner Lektüre bei der Hälfte des Buches angelangt. Der Orthopäde hatte in Begleitung zweier Studentinnen meine Kabine betreten, hatte den Fremdkörper auf dem Röntgenbild geortet und kontrolliert, ob die Instrumente auf dem Rollwagen vollzählig waren. Doch kaum hatte er seine OP-Handschuhe übergestreift, wurde er zu einem schwereren Fall gerufen. Er fragte, wo ich meinen Schmerz auf einer Skala von eins bis zehn ansiedeln würde. Ich hatte mit »zwei« geantwortet, ich wollte niemandem zur Last fallen.

Die Tür der Kabine stand offen. Im Flur suchten besorgte Menschen nach anderen. Sie kamen nachsehen, wer ich war. Und zogen enttäuscht wieder von dannen. Ein Pflegehelfer mit einer Weihnachtsmannmütze auf dem Kopf versuchte, einen Clochard zum Ausgang zurückzudirigieren. Er erklärte ihm: »Nein, es ist nicht möglich, dass ich dir neunzigprozentigen Alkohol gebe. Nein, nicht einmal einen einzigen Schluck, guter Freund.« Er hatte ihm die Hand auf den Rücken gelegt, das Glöckchen an seiner Mütze klingelte bei jedem Schritt. Eine Frau mit bandagiertem Kopf lag auf einer Bahre an der Wand, man hatte sie gerade hereingebracht, sie wollte etwas gegen den Durst. Eine Reinigungskraft, eine Martinikanerin, erklärte, darüber müsse der Arzt entscheiden. Die Frau entgegnete, sie sei schließlich Patientin. Die Reinigungskraft konterte, das Wort Patient stamme, wie sie unlängst erfahren habe, vom lateinischen *patiens,* »geduldig«, ab, und eben daran erkenne man einen Patienten: dass er sich gedulde. Ein Stück weiter brüllte ein Mann. Vielleicht war der Orthopäde gerade dabei, ihn zu behandeln, ehe er sich um mich kümmern konnte.

In *Nachtflug* ist der Pilot Fabien erschöpft von seinem Flug durch das Unwetter. Die Strömungen sind so heftig, dass seine Arme sich auf den Schalthebeln verkrampfen. Dort, wo der Wetterbericht ein Abflauen des Sturmes vorhersagte, gewahrt er nichts weiter mehr als einen dräuend schwarzen Himmel. Es ist kein Horizont zu sehen. Der Kopilot erkundigt sich in einem fort, ob die Lage ernst sei. Der Funkkontakt mit dem Kontrollturm ist abgerissen. Fabien ist allein und komplett von den widrigen Witterungsverhältnissen eingekesselt. Die Wolken ballen sich immer dichter zusammen. Er wollte nie im Dunklen fliegen. Er besitzt Durchhaltevermögen, und doch kann er nicht mehr. Eine Lücke am Himmel gibt den Blick auf die Sterne frei. Er sagt sich, dass er dort durchfliegen kann. Und er steigt auf. Jagt weiter oben, über den Wolken dahin.

Zu weit vorgerückter Stunde dann wieder der Orthopäde und die beiden Studentinnen. Nun war ich an der Reihe. Eine der beiden jungen Frauen über *Nachtflug:* »Das habe ich auf dem Gymnasium gelesen.« Ich erklärte, dass ich soeben damit durch sei. Dass es wundervoll sei: »Der Pilot entrinnt dem Unwetter.« Sie hatte richtiggestellt: »Ja, aber er stirbt.« Und ich: »Ach, er stirbt?« Das war mir nicht klar gewesen. Und sie: »Ja, sicher, er hat nicht mehr genügend Treibstoff, um zu landen.« Dem Orthopäden missfiel das abgestorbene Gewebe rund um die Stelle, an der sich die Nadel ins Fleisch gebohrt hatte. Mein Organismus hatte damit zu kämpfen, einen Fremdkörper abzustoßen. In diesem konkreten Punkt, nämlich wenn es darum ging, keinerlei Eindringen mehr zu dulden, war auf meinen Stoffwechsel Verlass. Man brachte mich in den Operationstrakt. Der Anästhesist entschuldigte sich im Voraus, Stiche in den Fuß waren nicht angenehm. Obwohl er schon dreiundzwanzig Stunden Dienst hinter sich hatte, erheiterte ihn meine Antwort: »Das wird schon gehen, ich bin ausgesprochen idealistisch veranlagt.«

Ich stand im Blumenladen. Geblendet von der Schönheit der Mohnblumen, die abseits vom Rest in einem Eimer steckten, hörte ich gar nicht, wie mir der Händler zu gigantischen, arrogant aufragenden Rosen riet, die gesellschaftlich etwas hermachten. Er hatte sie schließlich vor meiner Nase hin und her geschwenkt. Dabei hielt er sie mir so dicht vors Gesicht, dass sie mich zu piksen drohten. »Nein, das ist nicht das, was mir vorschwebt, Monsieur«, hatte ich erwidert. Von nun an tat ich kund, wenn ich etwas nicht wollte. Störrisch hatte ich vor den Mohnblumen Posten bezogen. Darauf hatte er reichlich widerstrebend, in einer Hand immer noch die Rosen, ein kümmerliches Sträußchen Mohnblumen aus dem Kübel gezogen, bei dem fünf spärliche Blüten nach rechts und links weghingen. Er streckte mir gleichzeitig die Rosen und die Mohnblumen hin, damit ich selbst beurteilen könnte, welche hier überlegen waren. Da ich mich beharrlich zeigte, fragte er: »Sind wohl nicht zum Verschenken, wie?« Ich erwiderte, doch, das seien sie. »Oh, sie sind zum Verschenken?«, wiederholte er in einem letzten Versuch. Er schlug vor, wenigstens zwei Sträuße zusammenzubinden, damit es nach ein bisschen etwas aussah. Ich gab ihm Recht und erklärte, in dem Fall würde ich alle sechs Sträuße aus dem Eimer nehmen. Aber weiß der Himmel, warum, das vermochte ihn noch immer nicht zu beruhigen: »Ach, wirklich, alle Sträuße?« Die Ratlosigkeit hat etwas Rührendes. Ein so junger Mann. Ich hatte ihm erklärt, er müsse sich keine Sorgen bezüglich dieses Geschenks machen, ich wisse sicher, dass es passend sei. Das Wort »Geschenk« hatte den Blumenhändler daran erinnert, dass der Strauß tatsächlich zum Verschenken war, dass dies kein Scherz gewesen war. Er war zu seinem Bindetisch gestürzt, zu Eukalyptuszweigen und Farnwedeln. Und ich hatte ihm auseinandersetzen müssen, dass die Person, der ich diese Blumen schenken würde, kein Grün drumherum mochte. Dass die Person, der ich diese Blumen schenken würde, die Blumen gern pur hatte.

Henrietta war diejenige gewesen, die die Idee gehabt hatte, uns in Venedig ins Museo Correr zu führen. Sie hatte den Kindern hoch und heilig versichert, dass es einen Raum mit Waffen sowie Gemälden von kostümtragenden Damen gab. Und uns, dass wir außer uns sein würden vor Begeisterung über die Canova-Bildhauereien.

Sie hatte recht. Seine Basreliefs befanden sich im Hauptsaal, gleich am Eingang. In Marmor gehauene kleine Lustspiele, Spiegel ihrer Epoche. Henrietta entschlüsselte die verborgenen Anspielungen und Bezüge. Wir hörten nur mit halbem Ohr zu. Das Wissen darüber war nicht das Entscheidende, wir waren ganz davon in Beschlag genommen, sie selbst zu entdecken. Eigens für uns geschaffen die bewundernswürdige Gleichgültigkeit der steinernen Profile, die Schultern in Verlängerung der Arme, die Arme in Verlängerung der Finger, die kleinen Füße, die sinnlich gerundeten Bäuche, die muskelbepackten Waden, die stummen

Tänze. Eigens für uns geschaffen die Fältelungen der Gewänder, die Riemen der Sandalen. Die Kinder schafften es, sich zu gedulden, sie kommentierten jede einzelne Relieftafel, ein wahrer Comicstrip. Der wundersame Zauber der Canova-Werke wirkte selbst auf Carlos, der sie fotografieren wollte – er konnte nicht verstehen, warum ein Aufseher ihm dies untersagte. Henriettas Tochter wagte es sogar, sie zu berühren. Dies kam ebenso wie der Rest nicht in Frage. Pierre zwang sie, ein Stück zurückzutreten. Daraufhin bekam sie mitten zwischen den Touristen einen Tobsuchtsanfall. Erzürnt über die Ungerechtigkeit saß sie in sich zusammengekauert, ihr hübsches blassgrünes Kleidchen schleifte auf dem Boden. Tränen kullerten über ihre feisten Wangen, die noch praller als zuvor wirkten, zum Bersten voll mit Wörtern, die sie nicht äußern durfte. Mit ihrem persönlichen Idealismus, den sie hinunterschlucken musste. »Heuchler! Ihr Heuchler!«, schrie sie uns an. »Ihr seid alle Scheusale, nur die hier sind schön!«, schleuderte sie uns schließlich entgegen. Fünf Jahre, und ein Genie. Unseren Mienen entnahm sie, dass das, was sie da geäußert hatte, möglicherweise komisch war. Fragte sich nur, ob sie sich von unserem Amüsement mitreißen lassen oder sich weiter in ihrem Unglück verschanzen würde. Sie war die Tochter von Henrietta und Pierre, sie entschied sich für erstere Lösung. Ihr Mund war nicht länger mehr verdrießlich verzogen. Die Krise war vorüber. Nachdem sie sich die Nase geputzt hatte, erkundigte sie sich ganz ruhig bei ihrem Vater, ob der Grund dafür, dass man die Leute aus weißem Marmor nicht streicheln dürfe, der sei, dass sie tot waren. Pierre gab ihr eine gut gelaunte Antwort und schlug vor, sich in Richtung der Gemälde mit den kostümtragenden Damen zu begeben. Sein extrem kurz geschnittenes Haar verlieh ihm eine gewisse Autorität, er arbeitete bei der Kriminalpolizei. Binnen weniger Sekunden war die Gruppe verschwunden.

Ich war als Einzige vor den weißen Urbildern des Menschengeschlechts zurückgeblieben. Um sehnsuchtsvoll ihre Profile zu bewundern.

Rue de Rome in Paris. Ein korpulenter Mann mitten zwischen den Blasinstrumenten in einer Musikalienhandlung. Die Trompete, die er in den Fingern hielt, er drehte und wendete sie, das magische Utensil eines Revolverhelden. Diese Cowboyfilme, als kleines Mädchen hatte ich sie nicht bis zum Ende auskosten dürfen, ich musste schlafen gehen.

Stille im Laden, als der Mann ein Mundstück aus seiner Tasche zog, es auf die Trompete steckte und sie an die Lippen führte. Seine Backen blähten sich, kaum merklich, zu kurz, als dass es hätte lächerlich wirken können. Dann erhob sich eine langsame Tonfolge, wohl kontrolliert und doch von einer Gelöstheit, einer verklärten Heiterkeit, die nichts mit dem unbegreiflich gewordenen Treiben draußen auf der Straße gemein hatten. Drei Finger betätigten abwechselnd die Ventildrücker, ja, drei Finger waren genug. Die Zärtlichkeit in Person. Der unerhörte Liebreiz der Melodie, die Zuvorkommenheit und die Melancholie, von denen der

Körper dieses Trompeters kündete, ließen einem seine Leibesfülle, seine nachlässige beigefarbene Kleidung und alsbald auch schon die Tölpelhaftigkeit der Männer im Allgemeinen unweigerlich in neuem Licht erscheinen.

Am Ende hatte man ihm applaudiert. Selbst die Draußenstehenden, die durch die Schaufensterscheibe so wenig mitbekommen hatten, klatschten nahezu lautlos in die Hände. Er selbst hatte nicht ein einziges Mal aufgeblickt, sondern musterte unverwandt die Trompete, während er sich grübelnd das Kinn rieb. Kein Kunde wagte es, zu ihm hinzugehen. Der Verkäufer, der derlei doch gewohnt war, hielt sich ebenfalls auf Distanz. Nach und nach war wieder allgemeines Stimmengewirr laut geworden. Der Mann stand immer noch in seiner Ecke, um die verklungenen Töne zu beurteilen.

Ich steuerte auf ihn zu. Unauffällige Schritte, die mich zielsicher zu dem Magier hinführten. Ich arbeitete mich voran, an dem Verkäufer vorbei, an den Kunden, den Keyboards, den Elektrogitarren, näherte mich den Saxophonen. Er war beiseitegetreten, um mich durchzulassen. Ich: »Ich komme, um Sie zu beglückwünschen.« Es brachte ihn in Verlegenheit, dass ich eine Frau war. Die Trompete war ihm im Weg, er sah sich suchend um, wo er sie ablegen, sich ihrer entledigen konnte. Ich hatte gesagt: »Ihr Spiel ist wunderbar zart.« Er hatte die Achseln gezuckt. »Haben Sie schon mal so ein Ding geblasen?« Sein mürrischer Ton strafte das, was wir soeben zu Ohren bekommen hatten, Lügen. Er musterte mich prüfend. Er hatte ein neues Mundstück vom Verkäufer verlangt. Hatte es auf der Trompete befestigt und mir das Instrument gereicht: »Na los, probieren Sie's mal.« Eine Art Provokation. Ein Befehl, hingeschmettert von einem Extremisten. Ich hatte in die Trompete geblasen, was hätte ich auch anderes tun sollen? Es kam kein Ton heraus. »Nur zu, versuchen Sie's noch mal«, hatte er mich belustigt aufgefordert. Und ich hatte dem Instrument einen matten Ton entlockt.

Er fand, es gebe zwei Kategorien Menschen: Männer und Frauen. Eine privilegierte Kaste beschied sich damit, ihren Gelüsten zu frönen, das war die der Männer. In einer anderen, gefühlsbetonteren stolperten hilflos die Frauen umher. Er sprach mit mir über die Frauen, Wesen, die nichts mit mir gemein hatten, als seien sie unser beider Forschungsgegenstand: »Sie vermengen Gefühle und Körperlichkeit.« Es kam ihm nicht in den Sinn, dass diese Verquickung ein Zeichen der Überlegenheit oder etwas Heroisches sein könnte. Der Mann verfügte über die Fähigkeit, sexuelle Freuden zu genießen, ohne zu lieben. Die Frau nicht. Ich fragte ihn, wie er sich den Autoerotismus bei der Frau erklärte; die Tatsache, dass sie mithilfe von Sexspielzeug derart schnell zum Höhepunkt kam, dass sie danach einschlief. Er bestritt die Richtigkeit meiner Aussage. Ich offenbarte ihm, dass dies gleichwohl in meinem Falle so sei. Er fühlte sich vor den Kopf gestoßen: »Was würden Sie denn sagen, wenn ich Ihnen von aufblasbaren Puppen erzählte? Würde Ihnen das vielleicht gefallen?« Ich hielt ihm entgegen, dass mit einer aufblasbaren Puppe meines Erachtens mehr Emotionen verknüpft seien als mit einem Sextoy. Die Puppe symbolisiere eine Person. Das Sextoy stehe lediglich für die Funktion. Er hielt den Tisch mit beiden Händen umklammert. Ich fürchtete schon, er würde ihn gleich emporschleudern und das Café verlassen.

Als befänden wir uns in einem Vorstellungsgespräch, bei dem ich mich richtig verhalten musste, um genommen zu werden, machte er mich darauf aufmerksam, dass die Art, wie ich mich präsentierte, nicht sehr geschickt sei. Und auch nicht sehr sexy. Gerade so, als sei seine Art der Argumentation attraktiver. Er hatte es die sechs zurückliegenden Monate nicht vermocht, auch nur mit einer einzigen Frau Freundschaft zu knüpfen. »Sobald ich nett bin, glauben sie, ich sei verliebt.« Selbst die Frauen mittleren Alters (ich wagte nicht zu fragen, welche das genau waren) – die Aussicht darauf, dass bald nichts mehr lief, hätte sie bescheiden und bedürftig machen müssen, aber nein, ganz und gar nicht, sie hatten sowohl Hoffnungen als auch Ansprüche.

Er hatte gerade das Buch *Männer sind vom Mars, Frauen von der Venus* gelesen. Es war ihm wichtig, mir vorsorglich zu erklären, dass dies nicht die Sorte Lektüre sei, die er normalerweise kaufte. Er habe es in erster Linie mit Faulkner. Und Kierkegaard, hatte ich den gelesen? Er hörte gar nicht, dass ich seine Frage bejahte. *Männer sind vom Mars, Frauen von der Venus* habe ihn, seinen Abscheu gegen schnell wegzulesende Blablaliteratur einmal beiseitelassend, nun, es habe ihn in einigen Punkten bestätigt. Der Mann besaß den angeborenen Trieb zu dominieren. Der Mann war der Jäger aus dem Höhlenzeitalter geblieben. Der Mann war fortlaufend seinen Begierden ausgesetzt. Beständige Ultimaten *hier:* Mit einem Finger, einem von denen, die die Trompete gehalten hatten, zeigte er auf eine gewisse Körperstelle.

Die Kunst war ein weiterer Bereich, den er mit keiner Frau bereit war zu teilen.

Eine befreundete Arbeitskollegin, die an jenem Tag zutiefst verzweifelt war. Die Männer, also, sie verstand nicht einmal mehr, wie man sie überhaupt kennenlernt. »Es gibt keine«, klagte sie. Ich versuchte, sie eines Besseren zu belehren. Erzählte ihr von Stan, und sie fragte, ob ich mich hier etwa über jemand Bestimmten lustig machen wolle. Wir spähten nach draußen, ob irgendwelche Männer auf der Straße vorbeiliefen. Wir konnten keine entdecken. Hatte man uns einen Nerv gezogen, oder war das eine Art Zivilisationsschaden?

Wir vereinbarten, wie wir uns verhalten würden, falls wir einen bemerken sollten. Wir würden ihn ansprechen und nicht etwa darauf warten, dass er von selbst auf die Idee kam. Es sei denn, das Glück wollte es, dass er, verzaubert von unserer Gegenwart, als Erster vor unserem Tisch stehen blieb. Sie fügte hinzu, dass wir träumten, dass dies nicht geschehen würde. Mir schien es möglich, denn, so führte ich weiter aus, dies wäre kein normal denkender Mann, sondern ein Kavalier, eine Art lebender Gott. Sie hielt energisch dagegen: »Wo soll denn ein Gott herkommen?« Ich erwiderte: »Ein Gott im abstrakten Sinne.« Na schön, wenn er die Premiumausgabe eines Demiurgen war, war sie einverstanden. Wir überlegten, welchen Beruf er haben könnte. Sie ging die Tätigkeiten durch, die sie kannte. Stieß auf »Architekt«. Doch wir waren Vertretern dieses Metiers begegnet, die nichts von einem Idol hatten. Neuerliche Tücke. »Es gibt keine, das sage ich dir«, fing sie wieder an. Darauf überlegte ich angestrengt, wild entschlossen, ihrem Defätismus entgegenzuwirken, und kam schließlich auf die besondere Gabe dieses Gottes: »Er ist Orchesterdirigent. Abends hebt und senkt sich sein Rücken im Rhythmus der Musik und der Liebe.« Sie war einverstanden, war nicht mehr so niedergeschlagen wie zuvor. Hartnäckig bohrte sie weiter, was er noch an Besonderem zu bieten habe. Und ich erwiderte: »Er ist ein international bekannter Chinese, der dank seiner Reisen und seiner regelmäßigen Beschäftigung mit Mozart zum Kosmopoliten geworden ist. Er kommt in der ganzen Welt herum, er spricht Frauen an, doch das ist reine Zerstreuung, harmloser Zeitvertreib, denn eigentlich sucht er nach einer ganz Speziellen. Er wird sie erkennen. Unter allen Geschöpfen läuft diejenige, die ihm am besten gefällt, froh und frei umher; unter ihren ausgreifenden Schritten weitet sich die Straße, sie ist in flatternde Gewänder gehüllt, die prachtvolle Schönheit ihres Körpers ist nur an ihren schlanken Fesseln zu erahnen, doch bald wird er ihre verborgenen Seiten entdecken. Er naht heran.«

Ich hatte die Lücke in ihrem Dasein, die ihr so schwer zu schaffen machte, gestopft. Sie war innerlich erfüllt, und ich war leer. Sie brachte kein Wort mehr heraus. Sie sah den Chinesen vor sich. Ich hatte diesen Mann zum Leben erweckt.

Sie war einfacher gestrickt als ich, sie würde ihm begegnen.

Sie lief in der Rue d'Assas vor mir, und ihre Kleider schwangen hin und her, streiften dabei den Boden, sie waren von jenem Sandton zwischen Grau und Beige, dem Farbton der Turteltauben. Ich folgte ihr. Es war zum einen, als sei der Weg, den sie einschlug, der meine, aber zugleich war auch das Gegenteil der Fall, und ich hielt mich so gut wie möglich auf Distanz, gebannt von unserer Unterschiedlichkeit. Was hatten diese Frau und ich schon miteinander gemein? Ich trug ein zinnoberrotes, vorne offenes Kleid, und meine hochhackigen weißen Sandalen machten, zumindest hoffte ich das, schöne Füße. Bei ihr verhielt sich alles ganz anders. Das Gewand mehr als streng, mehrere dicke Schichten übereinander. Der Nonnenschleier, der das Dekolleté verhüllte. Wozu war dieser Aufzug gut? Ich fragte mich dies, weil ihr Gesicht, obwohl es teils darunter verschwand, von dem Stoff in einer Weise eingefasst wurde, die es dem Betrachter eher noch deutlicher darbot, als es zu verbergen. Ihr

Bemühen, möglichst wenig aufzufallen, kam mir im Vergleich zu meinem eigenen fragwürdig vor. Welche von uns beiden erregte wohl größeres Aufsehen auf dieser in der Julihitze glühenden Straße? Mir schien offensichtlich, dass ihr Habit als Warnung diente: »Rührt mich nicht an!« Es handelte sich um einen permanenten und fundamentalen Hinweis, den sie täglich erneuern musste, um sich gegen das Begehren zu wappnen.

Sie beugte sich über die Auslage einer Bäckerei, und ihr Gesicht spiegelte sich in der Scheibe. Dieses Gesicht. Die nüchterne Strenge pflanzte sich bis zu den Schläfen fort, breitete sich von dort über die Wangen aus, wo sie zum Zeugnis ihrer Selbstentäußerung wurde. An ihr war keinerlei Grundanspannung zu bemerken. Diese war von einer nicht näher zu definierenden inneren Ruhe abgelöst worden. Sie, ja, sie verfügte über einen Schutzraum. Mir kamen die wenig hilfreichen Liedtexte der Gottgläubigen wieder in den Sinn. Die Allegorien, beliebte Verszeilen wie »bis ans Ende der Gassen, bis ans Ende der Wege lasst uns die Kunde von der Menschwerdung Gottes verbreiten«. Diese Dinge, an die ich nicht glaubte. Die mich in keiner Weise weiterbringen würden. Das Schicksal musste einfach sein für diese junge Schwester, die eine Pforte aufdrückte und verschwand – wobei mir genügend Zeit blieb, einen flüchtigen Blick auf einen gegen alle Unbilden gefeiten Klosterhof zu erhaschen.

VI

Ich nahm seine Augen als blau wahr, er schwor mir, sie seien grün. Ich empfand ihn als schön, er räusperte sich verlegen und versicherte mir, schön, ähm, also das sei er noch nie gewesen. Ich sah in ihm einen Prachtkerl, er erhob sich einzig deshalb vom Tisch, um meiner Sinnestäuschung entgegenzuwirken. Da stand er und ließ seufzend die Schultern sinken. Als er wieder neben mir Platz nahm, inmitten von Menschen, zu denen er keinerlei Bezug mehr hatte, fühlte ich, dass ich ihn liebte.

Er war darum bemüht, sich keine Blöße zu geben, mimte denjenigen, den es nicht tangiert, dass er auserkoren ist. Doch verleitete ihn die Neugier bei diesem Abendessen in regelmäßigen Abständen dazu, seinen verwirrten Blick auf mich zu richten. Ich legte in mein Lächeln das hinein, was nichts mit meinem Körper zu tun hatte, und zwar, weil ich nichts anderes zum Leben zu erwecken vermochte, und siehe da, mir wuchsen Flügel. Ich raunte ihm witzige Bemerkungen ins Ohr. Allein schon sein Lachen verzauberte mich. Er konnte nicht fassen, dass jemand auf ihn aufmerksam geworden war. Er war so ehrlich, seine Überraschung nicht zu verhehlen. Vielleicht war ihm ein solches Abenteuer noch nie widerfahren. Obgleich er verblüfft war, ließ er mich in meiner Beharrlichkeit gewähren, mit nachsichtig gerunzelter Stirne, die Verständnis signalisierte; einer, der zumindest bereit ist, sich die Sache durch den Kopf gehen zu lassen. Meine Finger streiften sachte sein Handgelenk, er umschloss meine Hand mit der seinen und ließ mich nicht mehr los.

Auf der Straße draußen hielt ich den Blick unverwandt auf die Blütenkerzen der Kastanien gerichtet, den Kopf in den Nacken gelegt, während er mich zärtlich in den Hals biss. Mit halbnacktem Oberkörper stand ich gegen ein Auto gelehnt. Der Mann deutete mit seinen Hüften die Bewegung an, auf die ich verzichtet hatte, und ich konnte sie durch die Kleidung hindurch spüren. Ich hatte die Präzision dieses sanften, urmenschlichen Auf und Ab vergessen. Das Begehren und seine untrüglichen Zeichen, dessen musste man stets gewärtig sein. Würde ich mich lächerlich machen? Ja, das würde ich. Und schon schnappten in meinem Körper die Vorhängeschlösser an den strategisch wichtigen Punkten zu. Schon schlugen die Läden zusammen, schon rasteten zu beiden Seiten meine Schutzriegel ein. Wo waren die berühmten Gesten, die man nicht vergisst, die, die man gar nicht erst lernen muss, um sie zu beherrschen?

Die Angst kroch mir immer weiter den Rücken hinauf, einem krallenden Kätzchen gleich. Meine Arme waren wie mit Blei gefüllt und entmutigten den Mann bei seinen Liebkosungen, sie schoben sich bei jedem Annäherungsversuch in die Quere. Er wusste nicht mehr, wo er mich berühren sollte. Was hätte ich tun sollen? Ich war von lähmender Trägheit ergriffen. Wie stellten das nur die anderen Menschen an? Man hätte meinen können, dass dieser Liebhaber, den mir der Zufall über den Weg geschickt hatte, das Wagnis einging, mir in einem Anflug von Tollkühnheit zu zeigen, wie es ging. Er versuchte erneut, mich an sich zu ziehen. Ich stieß ihn so heftig von mir, dass er gegen den Stamm einer Kastanie prallte. Die Quallenverbrennungen, von denen man geschworen hätte, sie seien vollständig abgeheilt, und dann setzt man sie zu früh wieder der Sonne aus und bringt sie dadurch erneut zum Aufflammen, scheußlich, vollständig wieder da und leuchtend orange wie eine Kaki. Und der Mann konnte nichts machen, wirklich niemand hätte an jenem Abend auch nur irgendetwas gegen die himmelschreiende Verzweiflung in meinem Herzen vermocht. Ich liebte niemanden.

Ich kann bezeugen, dass Liebeskummer auch ohne Liebe möglich ist. Als ich mich am nächsten Morgen im Spiegel betrachtete, hatte ich anstelle meines Körpers, meines Gesichts und meiner Handgelenke, die ich schüttelte, um mich ihrer zu vergewissern, nur noch eine verschwommene Version meiner selbst vor mir. Ich, die ich einst meinen Freunden als Spiegel gedient hatte, war binnen einer Nacht zu einer schemenhaften Gestalt verkommen, zu einer von denen, die man vage durch das Fenster einer Kathedrale gewahrt. Jedes beliebige Etwas erwies sich als solider denn meine Person: Durchscheinend, wie ich war, vermeinte ich die Gegenstände hinter mir zu erahnen.

Ich setzte mich auf den Boden, den Kopf zwischen den Ellbogen vergraben. Ich war verdammt. Ich würde mich von einer Brücke stürzen, in die Loire, wo das Wasser am gefährlichsten ist. Ich würde mich von einer Staumauer herabfallen lassen. Ich könnte nicht mehr weiterleben, denn mir wurde klar, dass einem das körperliche Leben von einem anderen gegeben wird. Lange nach der Kindheit, lange nach der eigenen Mutter braucht es jemanden, der hartnäckig wiederholt: »Das hier sind deine Augen; das ist dein Rücken, das sind deine Hände, deine Wimpern, deine Zähne, das ist deine Haut, das sind goldene Pünktchen in deiner Iris, das ist dein gesprenkelter Rücken, dein Arm ist ein Speer…« Andernfalls weiß man es nicht.

Was war aus den wohltuenden Bädern von einst geworden? Ich ahnte, dass ich meinen Körper fortan, sobald er aus dem Schaum auftauchte, wieder unter die Oberfläche zurückzwingen würde. Für eine Person meiner Größe besäße ich überraschende Kraft. Ich würde meinen Körper so lange unter Wasser festhalten, bis er ertrank, bis er unter dem Druck kapitulierte und sich versteifte. Er sollte mit keinem Wort mehr erwähnt werden. Ich würde es nicht schätzen, wenn er erneut unbeschwert an der Oberfläche triebe, als sei nichts gewesen. Dieses Miststück, das sich unter den Kastanienbäumen versperrt hatte.

Am Nachmittag klingelte mein Telefon. Eine unbekannte Nummer, ich nahm den Anruf nicht entgegen. Anschließend hörte ich die Nachricht ab. Eine männliche Stimme, am Anfang verstand ich nichts von dem, was sie sagte, zu gedämpft drang sie an mein Ohr, meine Angst stopfte gleichsam Watte davor, dies wahrhaft blitzartige Dichtmachen, auf das ich mich so hervorragend verstand. Die Worte: »… auf unvorhergesehene Weise…

gestern …« Und dann, deutlicher: »Ich habe mich gefragt, ob du Spaß daran hättest, mich heute Abend in eine Ausstellung im Jeu de Paume zu begleiten?« Am Abend dann ein letztes, scharfsinniges »Konntest du dich frei machen?«.

Ich hatte meine Bücher aufeinandergetürmt und in den Müllkeller hinuntergetragen. Ihr Inhalt war zu nichts nutze. Sie bewogen einen nur dazu, sich etwas vorzumachen. Diese Werke, die ich gelesen hatte, von Elsa Morante, Gabriel García Márquez, Albert Camus, Jim Harrison, Virginia Woolf, Louis Aragon und Paul Éluard, dessen Zeilen ich gierig eingesogen hatte – »du, große Sonne, die mir zu Kopfe steigt, wenn ich mir meiner sicher bin« –, das war alles für die Leichtgläubigen. Ich hatte mich in meiner träumerischen Sicht der Dinge verloren. Doch nachdem ich so sehr danach gesucht hatte, hatte ich nun meine Zuflucht gefunden: einen Kerker. Meine Unbescholtenheit war mein Panzer. Oder, noch schrecklicher: Ich war der Panzer im Innern, und darum herum meine trügerische fleischliche Hülle.

Ich hatte so viele Wege ausprobiert, wie Schätze in meinem Haus lagerten. Ich mochte vielleicht noch jung sein, mein Rücken jedoch war der einer alten

Frau. Zu einer jämmerlichen Gestalt zusammengekrümmt, schlich ich durchs Treppenhaus. Die Bücher hatte ich zwischen Kinn und Arme geklemmt, und es ist grauenvoll, aber ich mochte sie immer noch, während ich sie hingab. Es stimmte mich todtraurig, meine Reichtümer zu vernichten. Ich seufzte voller Schmerz. Zuweilen gefällt man sich darin, sich zu bedauern. Aber verflucht noch mal, das kann man mir doch wohl lassen.

Die sorgfältig aufgereihten Bücherstapel rund um die Mülltonnen. Dieser widerwärtig stinkende Raum enthielt meine unerfüllbaren Erwartungen. Als ich die Tür des Müllkellers wieder schloss, hatte ich den Eindruck, eine Heimstatt zu verlassen, in der noch ein winziges Flämmchen glimmt. Es fehlte nicht viel, und ich wäre zurückgekehrt, um es auszutreten. Dieses hartnäckige Fortleben der Kunst machte mich rasend. Und wenn ich dort bliebe? Und wenn mein eigener Platz ebenfalls dort, zwischen den Abfällen wäre? In meiner Wohnung hatte ich mich auf mein Sofa fallen lassen, wenn auch nicht wirklich erleichtert, so doch zumindest von einiger Last befreit. Ich würde mir nicht länger mithilfe von Literatur etwas vorgaukeln.

Ich war eingeschlafen, als es an meiner Tür klingelte. Es war die Nachbarin, die Bücher in den Armen. Es war wie ein Albtraum, ich dachte, sie brächte sie mir zurück. Aber nein, sie wollte mir dafür danken: »Außerdem ist das noch besser als in der Bibliothek, weil das hier wirklich das ist, was Ihnen gefallen hat.« Sie war in Richtung Treppe verschwunden, den kostbaren Besitz, mit dem ich nichts mehr anzufangen wusste, fest an die Brust gepresst.

Sie hatte eine Brioche mitgebracht und schlang sie gierig hinunter. Mit achtzehn Jahren war Tosca von den Balearen nach Paris übergesiedelt, um dort Sinologie zu studieren, und ich hatte ihren Eltern versprochen, mich um sie zu kümmern. Ich hatte sie schon gekannt, als sie noch ein Kind gewesen war.

Sie hatte in aller Herrgottsfrühe auf gut Glück geklingelt, ohne zu ahnen, dass ich meinerseits gerade erst derart ins Straucheln geraten war. Sie musste mit mir reden. Sie schäumte vor Wut, ihr bildschöner Hals war angespannt vor Entrüstung. Was auch immer sie am Abend zuvor erlebt hatte, es musste heftig für sie gewesen sein. Sie war gekommen, um mir zu verkünden, dass sie sich nun für eine Verhaltensstrategie entschieden habe und dass dies die meine sei. Die Aufmerksamkeiten, die sie den Männern zum Geschenk gemacht hatte, die zarten Seiten, die sie ihnen vertrauensvoll offenbart hatte, wurde das etwa liebenswürdig aufgenommen? Nein. Die Jungen hatten Toscas Ja als platte Präliminarie hingestellt. Niemals zufrieden. Niemals befriedigt. Sie hatten unerhörte Varianten zu ihren ausgelassenen Spielen vorgeschlagen, indem sie vorgaben, der Rest habe nicht gezählt. Der Rest – ihre Person, die Tosca zum Geschenk gemacht hatte. Toscas kostbare Jugend. Sie war neunzehn Jahre alt. Ihr blendendes Aussehen betrachteten diese einfältigen Tölpel als Freibrief. »Du kannst dir nicht vorstellen, was ich zu hören bekommen habe.« Sie wollte sich nicht mehr länger dazu hergeben.

Das tat mir leid. Tosca war nicht nur außergewöhnlich schön, sondern überdies intelligent. Sie gab sich nicht einfach mit ihrem Wissen um eine Sache zufrieden. Sahen die Männer das denn nicht? Wenn ich ihr von einem Buch erzählte, lief sie los, um es sich zu kaufen. Zwei Tage später unterhielt sie sich mit mir darüber, gänzlich davon gefesselt. Nachdem sie sich ein Jahr lang intensiv chinesische Ideogramme angeeignet hatte, überwältigt von der Komplexität der asiatischen Schrift, hatte sie den Mut gehabt, für drei Monate allein nach Hongkong zu gehen. Sie schickte Mails, ich hörte sie mitten in der Nacht hereinkommen, ich hatte ihnen einen speziellen Ton zugewiesen. Und einmal kam Folgendes: »Heute, Sophie, hat ein Mann auf der Straße verstanden, was ich gesagt habe!« Tja, und dieses junge Mädchen, das begabt genug war, um mit einem Chinesen zu kommunizieren, unerschrocken genug, um einen Aufenthalt am anderen Ende der

Welt zu wagen, stieß hier in Paris auf solche ungehobelten Flegel. Von einem Mann, der es verstanden hätte, sie in die wahren Geheimnisse der Liebe einzuweihen, hätte sie alles akzeptiert.

»Ich möchte wie du leben, für die Kunst«, erklärte sie entschlossen. Sie war stolz, sich ausgeklinkt zu haben. Mit einem Rascheln entfalteten sich die Flügel an ihrem Rücken. Ich sagte nichts mehr. Plötzlich stutzig geworden, hatte sie sich in meinem Wohnzimmer umgeblickt: »Und deine Bücher?«

In Paris ist keine sommerliche Schönwetterperiode von Dauer, wenn man einmal von den Hundstagen in jenem Jahr absieht. Was tat ich eigentlich bei einer solchen Hitze in Montmartre? Zwei Uhr nachmittags. Um mich herum ausschließlich Touristen, die natürlich dazu verpflichtet waren, draußen umherzulaufen, um von ihrem Aufenthalt bestmöglich zu profitieren. Eine Gruppe aus Quebec. Ich bemerkte die wohltuend positive Grundstimmung, die in ihrem Tonfall zum Ausdruck kam, und begab mich in ihre Nähe, um ihre gute Laune einzusaugen. Sie stiegen zu Sacré-Cœur hinauf, also tat ich es ihnen gleich.

Oben angelangt, waren sie umgehend in die Basilika gestürmt, und ich war ihnen gefolgt. War Sacré-Cœur auch kein wirklich ergreifendes Baudenkmal, so stillte die Kühle im Innern doch einen undefinierbaren Durst. Man wechselte aus dem Sommer in die Ewigkeit. Alle Welt besprengte sich mit Weihwasser. Einer kehrte in einem fort zurück, um sich erneut zu benetzen. Der in

Goldglanz getauchte Christus streckte uns seine Arme entgegen. Es erstaunte mich nicht, dass sein offen dargebotener Oberkörper, seine Geste grenzenloser Aufnahmebereitschaft nicht ausladend genug war, um die nagenden Zweifel aufzufangen, die zu jener Zeit an mir zehrten. Im Übrigen wandelte ich umher, besah mir eingehend die Rundbogen, die Pilaster, die Strebepfeiler und das Gestühl, ohne dass mich auch nur irgendetwas davon zu berühren vermocht hätte. Entlang einer Bankreihe stand geschrieben, dass es hier den ganzen Tag über Gelegenheit zur Beichte gebe. Der Beichtstuhl und ein Priester im Dunkel. Ich hatte einmal in der Zeitung gelesen, dass jahrelang eine ganze Reihe von Kriminellen, jene vom unterhalb gelegenen Boulevard de Rochechouart, in ebendiese Basilika gekommen waren, wenn sie jemanden ermordet hatten, um ihr Gewissen zu erleichtern; sie redeten sich einige Minuten lang alles von der Seele, bevor sie wieder zu ihren abscheulichen Machenschaften zurückkehrten.

Dieser Priester dort auf seinem Schemel – ich war sicher, dass er in mir eine Konfitentin witterte. Die runden Kappen seiner Schuhe weckten bei mir Assoziationen an die Infantilität von Disneyland. In dem dämmrigen Licht vermeinte ich schon seine weißen Micky-Maus-Handschuhe zu sehen; doch es waren nur seine fleischigen, plumpen Finger. Und dennoch kam mir der Gedanke, mich diesem Gottesmann anzuvertrauen. Ihm zu offenbaren, wie sehr mich die Furcht lähmte. Ich hätte ihm von Sünden erzählen können, von denen ich gar nicht mehr wusste, wie man sie beging. Ich erinnerte mich an die Einzelheiten, die Pfarrer Mario seinerzeit in Notre-Dame de Passy, im sechzehnten Pariser Arrondissement, gefordert hatte. Die nicht begangenen Sünden, schon damals erfand ich Details hinzu, um ihn zufriedenzustellen. Waren meine Verfehlungen von heute in Worte zu fassen? Konnte ich sagen: »Hochwürden, es bereitet mir Kummer, dass ich noch verängstigter bin als Eure Schäfchen«? Was würde dieser Beichtvater von meiner unverbesserlichen Keuschheit halten?

Was vermochte ein Gott, der womöglich das gleiche Problem hatte wie ich?

Ich hatte sie auf dem Trottoir gefunden. Aus fein genarbtem Kalbsleder, lang genug, um ein Scheckheft zu bergen, goldene Schließe, Hermès. Modell »Béarn«. Zwei Monate zuvor hatte ich darauf verzichten müssen, mir eine zu leisten. Und nun lag sie, die aufgrund ihrer Leere wie neu wirkte, bebend in meiner Hand, eine Entschädigung für mein Schicksal. Der Trostpreis für den Verlierer. Selbstverständlich weit und breit kein Geschäft, kein Ort, an dem ich eine Telefonnummer hätte hinterlassen können, kein deutlich sichtbarer Mauervorsprung, auf dem ich die Brieftasche hätte ablegen können. Wenn ich sie an mich nahm, gehörte sie mir.

Nur ungern reichte ich die Brieftasche auf dem Kommissariat einer Polizeibeamtin. Eine so widerstrebend ausgeführte Geste, dass man hätte meinen können, ich hätte diesen Wertgegenstand eigenhändig entwendet und käme nun, von Reue gepackt, um ihn zurückzugeben. Die Frau forderte mich auf, Platz zu nehmen. Es ließ sich nicht sagen, ob die Gewissenhaftigkeit, mit der die Polizistin das Objekt untersuchte, durch persönliche Neugier oder beruflich motiviert war. Sie legte es zwischen uns beide, ein Stück Gemeingut. Mit der Paranoia, die ich an Inspektor Columbo bewunderte, schloss sie, dass der Dieb ein Analphabet war: Wenn er hätte lesen können, so hätte er »Hermès Paris« gelesen. Selbst ein absoluter Banause hätte gewusst, was das bedeutet. Ich pflichtete ihr bei. Sie nahm kurz meine Aussage auf: Ich bezeugte, diese Brieftasche aus fein genarbtem blauem Kalbsleder, mit goldener Schließe in Form eines H, im Innern eingeprägt »Hermès Paris«, Ecke Rue Royale/Rue Saint-Honoré gefunden zu haben. Ich bestätigte, dass sie leer war. Um vollständig sicherzugehen, kontrollierten wir dies noch einmal gemeinsam nach. Sie setzte mich darüber in Kenntnis, dass die Brieftasche im städtischen Fundamt von Paris hinterlegt würde. Ich bemerkte lachend, dass dort wahre Schätze schlummern müssten. Darauf entgegnete sie, nein, ein Schatz sei etwas, was man durch Zufall entdecke, was aber versteckt oder vergraben gewesen sein müsse. »In Ihrem Fall ist weder etwas versteckt noch vergraben«, fügte sie mit Nachdruck hinzu, ein wenig argwöhnischer als zuvor. »Nein, bei mir ist nichts vergraben …«, log ich.

Der arme Junge, der dort, auf der Pont Alexandre III. aufs Trottoir hingestreckt lag. Ein Mann in kurzärmeligem Hemd ersuchte die Schaulustigen, nicht näher heranzukommen. Dabei schützte er nicht etwa vor, dass man dem Verletzten Zeit lassen müsse, Atem zu schöpfen, sondern beschränkte sich darauf, uns mit abwehrend erhobener Hand auf Distanz zu halten. Wir verharrten in dem Bereich, den er uns angezeigt hatte, und traten ungeduldig von einem Bein aufs andere. Doch kaum ließ der Mann den Arm sinken, brach sich die Indiskretion ungezügelt Bahn, und wir rückten näher. Es war nicht unsere Schuld, es war die Tatsache, dass da ein Toter zu sehen war. Jeder von uns hatte beim Anblick dieses Körpers begriffen, dass keine Hoffnung mehr bestand. Wir hatten zwar den Eindruck, dass der Bauch des jungen Burschen sich langsam hob und senkte, doch das waren nur wir selbst, die wir am Leben waren und uns bewegten. Er lag dort reglos wie ein Stein. Seine Füße waren mit einer Jacke zugedeckt. Falls dies die Jacke des Mannes im kurzärmeligen Hemd war, so verlieh ihm das zusätzliche moralische Autorität bei seinem Bemühen, uns zum Zurückweichen zu bewegen.

Die Leute neigten sich forschend über das leblose Antlitz, über das sich schützend das lange blonde Haar des Jungen breitete, wie bei einem jener grässlichen sonnenumkränzten Spiegel. Man sah nur den unteren Teil, den Kiefer. Das totenbleiche Kinn sowie der jugendlich frische Mund des jungen Mannes veranlassten uns dazu, beschämt in uns zu gehen. Wir waren rund zwanzig Leute auf der Brücke, die ungeduldig nach dem Rettungsdienst Ausschau hielten, er würde auch für uns kommen und uns verscheuchen. Einstweilen war dort nur der hemdsärmelige Mann, der neben dem Leichnam stand, um uns fernzuhalten. Die neu Hinzugekommenen wollten wissen, was passiert sei. Wenn sich jemand erkundigte, ob es ernst sei, schaute der Mann ihm nicht in die Augen, sondern richtete seinen Blick auf seine Stirn, auf seinen Schädel, appellierte an die Urteilsfähigkeit der Person. An dem Mann in Hemdsärmeln kam keiner vorbei, sie gewahrten alle die unnatürlich weiße Hand des Jungen, mussten ihre naive Hoffnung aufgeben. Das war für uns alle deprimierend.

Die Rettungskräfte trafen ein, mit einer Bahre. Sie beugten sich hinunter, richteten sich wieder auf. Wechselten einige Sätze mit dem Mann in Hemdsärmeln.

Der Mann war kein Arzt, er war Koch in der Brasserie Chez Francis am Place de l'Alma. Er war eine Stunde zuvor über die Brücke gekommen, hatte gesehen, wie der junge Bursche von einem Auto angefahren und in die Luft geschleudert worden war, wieder auf dem Boden gelandet, wie ein Wurfgeschoss zehn Meter weit bis zur Brüstung geschlittert und mit dem Kopf dagegengeprallt war – und dann nichts mehr. Als die Einsatzkräfte angesichts dieses Berichts verwirrt dreinblickten, zeigte er mit dem Finger auf die Stelle der Fahrbahn, an der es zu dem Zusammenstoß gekommen war, und zeichnete dann die Flugbahn des Körpers nach. Um die Schilderung zu verdeutlichen, zog er seine Jacke von den Füßen des jungen Mannes herunter. Dieser trug Rollerskates.

VII

Ein mysteriös wirkender, verstört blickender Carlos, Boulevard Saint-Germain. In seinen Wettermantel gehüllt, ungeachtet der am Apothekenschaufenster angezeigten Außentemperatur: 29 Grad. Er war höchst erstaunt, dass ich nicht auf dem Laufenden war: Er wohnte nicht mehr zu Hause. Er hatte bereits Anrufe von Henrietta, Pierre, der Hydra-Clique, den Baselern und sogar den Swingern erhalten. Daher warnte er mich: »Falls *du* dich jetzt auch noch einmischen willst, sei lieber still.« Er hatte vorübergehend in der Zweitwohnung eines Cousins, Rue de Beaune, Unterschlupf oder, wie er sich ausdrückte, »Asyl« gefunden. »Ich bringe keinen Bissen hinunter«, erklärte er mir, als rechtfertige diese Mitteilung seinen Sarkasmus. In der Avenue Raymond-Poincaré saßen Vionne und die Kinder und verfluchten ihn. Er war derjenige gewesen, der beschlossen hatte zu gehen. Dabei hatte er eigentlich nicht vorgehabt, endgültig zu »verduften«, sondern einfach nur, sich einige Tage zu besinnen. Er hatte Vionne diesen Vorschlag eines Morgens in ihrem Wohnzimmer in groben Zügen unterbreitet, in aller Offenheit, ohne jede Feindseligkeit, in schelmischem Ton, ein positives Projekt, ein Jungenstreich. Ja, warum nicht: ein Spiel unter Liebenden. Und Vionne hätte sich beinahe in Versuchung führen lassen. Nur, dass sie im Laufe des Tages Carlos' Koffer im Schrank entdeckt hatte, gut versteckt, Carlos' Lieblingsteile bereits darin eingepackt. Als er von der Arbeit heimgekehrt war, hatte Carlos die Vorsätzlichkeit seines Handelns nicht zu leugnen vermocht. Wütend darüber, wegen zehn gefalteter Hemden in einem Weekender beschuldigt zu werden, war er abgerauscht. Sein jüngster Sohn hatte ihm eine lange E-Mail geschrieben, die folgenden Satz enthielt: »Der Grund, den du Mama genannt hast, ist abscheulich.« Und ich: »Der Grund?« Und er: »Aber ja, der Grund …« Er wirkte müde, wie einer, der sich unaufhörlich wiederholen muss. »Ich habe keine Lust mehr auf sie, verstehst du?« Selbst mir schien dies ein erbärmliches Argument. Die Ungeheuerlichkeit meiner Voreingenommenheit. »Was hast du denn Vionne erzählt?« Er zuckte die Schultern. »Ihr seid lustig! Ich habe ihr die Wahrheit gesagt. Wie hätte ich sie anlügen können? Beim Thema Liebe laviert man sich immer irgendwie durch, weil das nicht deutlich sichtbar ist, aber einen hochkriegen oder keinen hochkriegen, da kannst du dich nicht durchschummeln, sprich, da kannst du gleich mit offenen Karten spielen.«

Es wäre falsch zu glauben, Carlos sei in irgendeiner Weise zum Opfer seiner Triebe geworden und habe sein Glück in fremden Armen gesucht. Er hätte es vorgezogen, mit einer Vionne weiterzuleben, die ihn erotisch kaltließ, und sich mit reinen Zärtlichkeiten zu begnügen. Doch leider war der Plan, sich zumindest liebevoll gegenüber Vionne zu verhalten, nicht aufgegangen. Schon seit Monaten interpretierte Vionne jede Aufmerksamkeit von Carlos als Indiz für einen Wiederaufschwung und fiel in der Folge abends im Bett lüstern über ihn her. Er hatte erwogen, etwas mit anderen Frauen anzufangen, einfach, um zu testen, ob ihm das wieder auf die Sprünge helfen könnte, eine Art Nachhilfeprojekt. Doch leider immer noch dasselbe, er erwies sich auch bei anderen Frauen als absoluter Schlappschwanz: Um sich von Vionne schleichend zurückzuziehen, ohne dass sie sich dessen allzu deutlich bewusst wurde, hatte er seine Eier gleichsam als Bürgschaft bei seiner Frau hinterlegen müssen, er selbst hatte keine mehr. Carlos' schonungslose Offenheit – ich hatte Unrecht daran getan, ihn dafür zu verachten, sie wehte wie eine erfrischende Brise durch die Straße. Er bekam jedoch gar nicht mit, dass ich ihn bewunderte. »Findest du, ich bin ein mieses Schwein, das sich einfach billig aus dem Staub gemacht hat?« Er schien fast an seinen eigenen Worten zu ersticken. Ich stellte fest, dass Männer nur wenige Menschen haben, denen sie ihr Herz ausschütten können. Dass sie ärmer dran sind als wir. Wenn sie ihre seelischen Nöte in sich hineinfressen, werden ihnen diese zum Knebel.

Tagsüber am Strand döste ich unter einem Schilfrohrdach. Am Abend nahm ich auf einem rustikalen Holztisch in der Mitte eines weißen Zeltes Platz. Die unwirklichen Geräusche von draußen – das Leben ging weiter, während ich nackt dasaß. Bevor er mich massierte, ließ mir Pajane lauwarmes Öl auf den Scheitel tropfen, und dieses Öl rann mir nach und nach über den Nacken, die Schultern. Pajane half mit seiner freien Hand (die andere hielt das Ölkännchen) nach, dass das Öl bis auf die hölzerne Tischplatte hinunterfloss. Ein haptisches Erlebnis, das mir deutlich machte, dass unser Körper eine klar umrissene Form besitzt. Dieser Mann hier zeichnete nicht etwa den Verlauf eines Musikstücks in die Luft, sondern zeigte mir mit seiner Berührung meine Grenzen, meine Konturen auf. Eine Frau, deren Formen durch eng anliegenden Seidenjersey betont werden, ist sich darüber im Klaren, was ihre Hülle birgt. Sie bestätigt sich selbst, traumverloren. In diesem Fall ersetzte die Hand das wunderwirksame Kleidungsstück. Mein öliger Kopf sank gegen Pajanes weiße, makellos reine Kurta. Zögerte ich, sie zu beschmutzen, so zog *er* meinen Nacken an sich. Er zeichnete gleichsam eine Linie auf mein Rückgrat. Ein kleiner Faun, dessen Bestimmung es war zu genießen, hatte in sich zusammengekauert in mir gewartet, er hatte sich unter einer Kommode versteckt, während ich von den großen Invasionen heimgesucht wurde. Nun erwachte er wieder zum Leben.

Um mir zu signalisieren, dass ich mich der Länge nach ausstrecken solle, legte Pajane zwei Finger auf das Ende der Holzplatte, die auf ein unsichtbares Kopfkissen wiesen. Dieselben zwei Finger auf meinem Rücken oder meinem Bauch, wenn ich mich umdrehen sollte. Er rieb mich mit solchen Unmengen Öl ein, dass danach, während er mich massierte, die am stärksten hervortretenden Partien meines Körpers auf der Tischplatte wegglitten. Wenn ich ins Rutschen geriet, stießen meine Füße gegen sein Becken. Ich wagte es nicht, die Augen zu öffnen, außer die Male, die ich auf dem Bauch lag, das Gesicht an der Stelle der Platte vergraben, an der sich eine Ausbohrung befand, die eigens vorgenommen worden war, um eine angenehm gerade Haltung des Nackens zu ermöglichen. Dann sah ich Pajanes vollkommene Füße, die rosigen Nägel, die weiße Hose, die über seine herrlich geformten Knöchel hochgerollt war. Ich sagte mir im Stillen, dass ich schon immer schöne Männer hätte bevorzugen sollen. Ich hatte nicht lange Zeit, diese Wunder zu bestaunen, denn Pajane packte mich an der Haut – wobei ich eher einem unterwürfigen Windspiel als einer Dalmatinerhündin glich –, und ich zog mich wieder hinter meine geschlossenen Lider zurück.

Oder aber er stellte sich vor mich hin, während ich auf dem Massagetisch saß, und presste mich fest gegen seine Kurta. Meine Beine hingen rechts und links von seinen Hüften herunter. Er stand, die Hände auf meinen beiden Schulterblättern, auf jedem eine, und er schob sie sanft auseinander. Ich spürte, wie mein Rücken sich öffnete und Krähen daraus entflogen. Dann ließ er mich wieder los. Es war derart verblüffend, ich versuchte, seine Miene zu erkennen, doch ich stieß nur auf eine Barriere aus Wimpern, zwischen denen ein lichter Glanz durchschimmerte.

Mein einziger Gedanke am Morgen war, dass ich mich früh genug am Zelt der Masseure einfinden musste, um mir Pajane zu reservieren. Meine Muskeln wurden geschmeidiger. Im Wasser streckte sich mein neuer Teleskophals beim kleinsten Schwimmzug in die Länge. Ein einziger Stoß katapultierte mich fünf Meter weiter.

Während dieses Goa-Aufenthalts hörte ich Pajane nicht ein einziges Wort äußern, nicht einmal in seiner eigenen Sprache mit den anderen Masseuren. Am letzten Abend teilte ich ihm vorsorglich auf Englisch mit, dass ich tags darauf abreisen würde. Er stand mit dem

Rücken zu mir gewandt, er drehte sich um. Seine Kurta öldurchtränkt. Ein feingliedriger Mann mit schwarzen Augen und einer charmanten Lücke zwischen den vorderen Schneidezähnen. Und er hatte geredet. Ein Weiser lehrt uns in zwei Worten etwas für den Rest unseres Lebens, er hatte gesagt: *»Necessity body.«*

In Bombay, die Maschine für den Rückflug. Mein Platz am Fenster. Die indischen Transportarbeiter auf dem Rollfeld, unsere herbeigekarrten Gepäckstücke, die vom Wagen herunterpurzelten, sie reichten sie von einem zum Nächsten weiter. Das zwischen den Menschen geknüpfte Band. Im Flugzeug war es ähnlich, alle eine große Familie. Ein Mann in Himmelblau. Er hatte beim Einsteigen ins Flugzeug zwei Kinder vor sich hergeschoben. Hielt jedem der beiden eine Hand auf den Schopf gelegt. Diese Geste schlug mich in ihren Bann. Er tätschelte ihnen den Kopf, sie waren so klein, er so groß, ein Basketballspieler, der in seine Bälle vernarrt ist. Wer hatte mich nach meinen Eltern noch einmal so abgöttisch geliebt? Der Mann hatte den Platz neben mir, seine Kinder saßen in der Reihe vor uns. Jemand hatte sich erboten, mit ihm zu tauschen, damit sie alle zusammensäßen, aber auch weil sich schon in den ersten Minuten abzeichnete, dass die Kinder sehr lebhaft waren. Der

Mann hatte dankend abgelehnt und uns mit einer Geste zu seinen beiden Wildfängen hin erklärt: »Ich sehe diese beiden Personen zum ersten Mal im Leben.« Die kleinen Gesichter verrieten, dass die zwei sich kaum noch halten konnten vor Freude über die schelmische väterliche Art.

Die beiden Rangen knieten auf ihrem Sitz, zu uns herumgewandt, und lauerten auf die Neckereien des Vaters vor dem Start. »Wir müssen uns voneinander verabschieden, denn wir werden alle ums Leben kommen«, orakelte der Vater in düster-vertraulichem Ton. Unübersehbar, dass sie geradezu süchtig waren nach dieser Art Humor. Sie knüpften sofort ein Gespräch mit mir an. Sie kamen gerade aus Cortalim, im Süden von Goa, sie lebten in Paris, sie hatten Delphine gesehen. Der Vater sagte kein Wort, er ließ gewiefte Handlanger meinen Namen erfragen, ließ Erkundigungen einziehen, ob ich alleine sei und weshalb, ob ich Cortalim kenne und wie alt ich sei. Ich würde in Gesellschaft dieser kleinen Schlitzohren reisen müssen. Doch schneller als gedacht machten sie es sich wieder auf ihrem Sitz bequem und verhielten sich von da an vollkommen diskret, gänzlich in Anspruch genommen von den zur Wahl stehenden Filmen.

Kaum war es still geworden, hatte der Mann mich aufmerksam fixiert. »Ich wüsste nicht, wohin, wenn ich alleine wäre«, hatte er erklärt. Er präzisierte nicht, ob diese Bemerkung auf das Reisen oder auf das Leben an sich bezogen war. Er musterte mich forschend, als habe er eine Idee für ein Ziel im Kopf. Es war unmöglich zu entscheiden, ob er spielte oder ob er, wie das mitunter geschieht, mithilfe der Phantasie die Offenheit wagte. Das Himmelblau – es war ein Anzug aus Seersucker. Er roch nach Minze.

Der Radarschirm zeigte an, dass wir über Afghanistan flogen. Ohne Vorwarnung beugte sich der Vater zweier Kinder und Träger eines Eherings so dicht über mich, dass sein Oberkörper fast auf mir zu liegen kam, um zum Fenster hinauszuschauen. Nun ja, zunächst einmal war es tiefste Nacht, und dann war die Blende vor dem Fenster heruntergezogen. Es gab nichts zu sehen. Er konnte lediglich das beigegraue Plastik statt der afghanischen Berge ergründen. Unbegreiflich, dieser Mann, der da halb auf mir lag, vor sich das Nichts. Er war so nah an mir, sein Schenkel so dicht neben mir, ich spürte ein Pulsen an dieser Stelle, sein Brustkorb berührte bei jedem Atemzug meinen Bauch, ein Profil wie die Helden von Canova, in den feinen Fältchen an seinen Schläfen stand der Schalk zu lesen. Er setzte sich wieder ordentlich in seinen Sitz zurück und erklärte mir mit einzigartiger Selbstbeherrschung: »Es ist wolkig.« Ich beugte mich ebenfalls zu der geschlossenen Blende hin, wo es nichts als Träume zu entdecken gab. Und ich versicherte: »Es wird aufreißen.« Wir beide boten einander mit unserem Spottgeist den ganzen Flug über die Stirn.

In Paris, am Laufband, wo wir das Gepäck abholten, hatte er mir die Hand gedrückt: »Wie schade«, murmelte er. Die Kinder tollten zwischen seinen Beinen herum, die mächtigen Glieder einer Kette.

Welcher absurden Eingebung zufolge schleppte ich bloß diesen durch die Massagen in Ansätzen geöffneten Körper bei meiner Rückkehr nach Paris zum Yoga? Der Kurs fand in einem Raum mit Glasdach statt, es genügte, sich einzuschreiben und zu bezahlen, man hatte ein Fach im Umkleideraum, nahm sich eine Matte aus einem Regal – Gesten, die man ausführen konnte, ohne mit irgendjemandem zu sprechen. Die stillschweigende Verbundenheit, die man den anderen signalisierte, war die einzige Form des Kontakts. Im Übrigen machten sich einige nicht einmal diese Mühe. Blind für ihre Umgebung rollten sie ihre Matte aus, Autisten. Die Einsamkeit bei dieser Disziplin, schon bei den Vorbereitungen.

Der Lehrer erschien auf der Bildfläche. Er war käseweiß und ebenso bar jeder Aura wie ein Flugblattverteiler. Die perfekte Waagerechte seiner Schultern war in keiner Weise ein Vorbild. Seine Haltung erweckte eher den Eindruck von Anstrengung als von Harmonie. Die Füße, bleich, sauber, aber orange verfärbt von Hornhaut. In den Haaren ein rosa, blasslila und braun gemustertes Band. Wieder andere Farben in seiner Hose bissen sich noch zusätzlich mit den genannten.

Die Bewegungen, die es auszuführen galt, waren wunderbar. Der einfache Umstand, dazustehen und das Kinn beim Ausatmen zu senken, wusch die Hässlichkeit fort. Der Yogalehrer war so gut wie nicht mehr existent, die Hornhaut an seinen Füßen störte nicht länger. Wenn er sich an einen richtete, indem er einen Fehler korrigierte, hörte man ihn wie aus weiter Ferne, unendlich weiter Ferne, denn, konzentriert auf den eigenen Atem, war man mit der Aufmerksamkeit ganz bei sich selbst. Wenn man losließ, zog das Kinn den Hals nach vorne, und man spürte, dass der eigene Nacken seine Wurzeln beinahe in der Wölbung der Lenden hatte oder an einem noch tiefer gelegenen Ort. Dieser Nacken war der Hals eines Vollblüters. Wie in Goa. Auf diese Weise wurden der Reihe nach sämtliche Körperpartien gedehnt, und nach zwanzig Minuten war man ein neuer Mensch. Dennoch führten diese Bravourleistungen nicht dazu, dass man sich in Szene setzte. Auch an diesem Punkt immer noch keine Beziehung zu den anderen. Man lief nicht um seine Matte herum, während man wie wild keuchte und sich mit gekreuzten Armen auf die Rippen schlug. Wenn einer von uns mit seinem Fuß bis zum Kopf hochkam, behielt er seine Freude darüber für sich. Man war bei all dem auf sich selbst zurückgeworfen. Es kam vor, dass man bei einer Übung, die schwieriger oder weniger für die eigene Konstitution geeignet war, gezwungen war zu kapitulieren. Tja nun, dann hatte man zwar die Arme untätig auf den Beinen, wurde aber dennoch nicht zum Beobachter der anderen. Sie ließen einen weiterhin gleichgültig.

Nein, diese Sportart war nicht die meine: Ich hatte die Freuden des Einzelgängertums hinlänglich ausgekostet.

Währenddessen war Carlos exkommuniziert worden. Vionne hatte im Computer der Familie gestöbert. Sie hatte eigentlich nur nach E-Mails gesucht, die irgendwelche Hinweise enthielten, umgetrieben von dem Verdacht, dass es eine andere Frau in Carlos' Umfeld geben könnte und dass die Wohnung, der Koffer vielleicht nur der erste Schritt zu größeren Vorhaben waren. Der Liebe woanders. Vionne war nicht gerade ein Informatikgenie. Sie hatte die Registerkarte »Verlauf« in der Menüleiste entdeckt, hatte darauf geklickt, Anfängerglück. Sie war auf die Namen pornographischer Seiten gestoßen, die seit einem Monat von diesem Computer aus besucht worden waren. Es konnte sich dabei natürlich wirklich um Dinge handeln, die ihr Sohn oder ihre Tochter angesehen hatten. In ihrem Unglück ging sie zu ihnen hin und stellte die Frage. So kam es, dass sie gemeinsam, sozusagen en famille, Carlos' erbärmlichen Weg nachverfolgt hatten. Sie hatten jedes Video noch einmal angeschaut, und sie hatten nachgezählt, wie viele – nämlich dreißig – Mal Carlos auf »Schlampe lutscht ihren Prof, um die Prüfungszulassung zu bekommen« geklickt hatte. Ein Video, das es ihm so angetan hatte, dass es unter »Favoriten« abgespeichert war. Die Tatsache, dass Carlos Anglistikprofessor war, ließ die Bilder noch realer erscheinen; die Tatsache, dass er nichts zu verbergen versucht hatte, sein psychopathisches Treiben noch grausamer.

Ich war eine der Wenigen, die mit ihm sprachen. Er hatte nur noch Männer auf seiner Seite, und selbst das durfte keiner erfahren. Pierre traf sich mit ihm vor den Toren der Stadt, in einer Bar in Suresnes. Ich hörte mir an, wie sehr er alles bedauerte. Er hielt sich für eine schändliche Kreatur. Sagte, er könnte kotzen vor Reue. Ich führte ihm im Gegenzug die Schändlichkeit der heiligen Allianz vor Augen, in die seine Kinder hineingezogen worden waren: »Das ist schlimmer als deine Missetaten.« Ich versicherte ihm, dass es ein Allerheiligstes für Menschen gibt, einen Ort unbestimmter Begierden, an den jeder von uns sich mit Fug und Recht zurückziehen darf, ohne jemandem zu schaden. Ihm schien die Frage auf den Lippen zu liegen, ob ich getrunken habe. Er schüttelte den Kopf, einer, für den es zu spät ist, der sich zu seinen Verbrechen bekannt hat.

Im Monoprix traf ich zufällig Vionne. Sie schoss auf mich zu, den Einkaufswagen vor sich, und mich durchzuckte der Gedanke, dass sie planen könnte, ihn mir in die Rippen zu rammen. Aber nein, einen Meter vor mir bremste sie sich in ihrem Furor: »Bist du auf dem Laufenden in Bezug auf Carlos?« Inmitten der Büstenhalter klärte sie mich darüber auf, welche Sorte Individuum ihr Ehemann war. »Ist doch klar, dass er keine Lust auf mich hat. Schweinkram machen, das ist es, wonach es ihn gelüstet.« Sie fuhr fort: »Die Kinder stehen unter Schock. Wer hätte schon noch Lust auf eine echte Frau, nachdem er sich solche Abscheulichkeiten reingezogen hat? Ein Typ mit einer abstoßenden Wampe, angeblicher Hochschulprofessor, empfängt eine Studentin zur Privataudienz, und dann folgt eine endlose Reihe von Blowjobs, das Mädchen bläst ihm einen im Knien, sie bläst ihm einen im Stehen, bläst ihm einen auf diesem widerlichen Wanst, und Carlos hat sich an diesen Blowjobs, den Blowjobs einer zwanzigjährigen Göre, die vom Alter her seine Tochter sein könnte, aufgegeilt!« Sie sprach das Wort »Blowjob« mit schriller Stimme aus, man hätte meinen können, ihr Ton solle die derbe Ausdrucksweise übertünchen und von ihr ablenken. »Falls er zufällig mit dir Kontakt aufnehmen sollte«, fügte sie hinzu, »so könntest du ihm vielleicht erklären, dass wahre Liebe sich auf höherem Niveau bewegt. Es trifft sich gut, dass wir uns über den Weg gelaufen sind: Ich wollte dich ohnehin schon anrufen, damit du mit ihm redest, du, die du so anspruchsvoll bist.«

Welche Website man auch immer anklickte, sie kündigten alle Nie-Gesehenes an. Und servierten dann alle stereotyp die gleichen primitiven Geschichten. Schon die Eingangsseiten waren so angelegt, dass rein bei der Vorstellung die Lust erwachte. Alles war da, im Angebot. Selbstverständlich verlangten sie die persönlichen Koordinaten des Besuchers. Doch im Grunde, wenn man es recht bedenkt, bedarf es schon der Blauäugigkeit eines Ignoranten, um zu glauben, dass man durch das Eingeben einer E-Mail-Adresse Zugang zu subtileren Wundern erhält, oder sich auszumalen, dass man in echte Tiefen vorstößt. Zugleich machen so viele Leute das mit. Leichtgläubige. Abgesehen davon, dass mir dieses Bauen auf unsere Naivität als Indiz für die geniale Masche dieser Industrie erschien. Und ich begriff Folgendes: Wenn man den Reflex hat, weiter vorzudringen, so geschieht dies nicht, um aus sich selbst herauszugehen, sondern um sich in sich selbst zu versenken. Eine Art Yoga. Die gleiche Einsamkeit.

Ein Mann hatte mir eines Tages erklärt, Sex und Humor seien unvereinbar. Doch wie war dann bitte die immense Erheiterung angesichts dieser Bilder zu erklären und wie das, was diese Paarungsszenen in mir wachriefen? Die Geistlosigkeit, von der diese deprimierend schwachen pornographischen Darbietungen durchdrungen waren, hatte etwas Befreiendes. Dazu gehörte auch die Seichtigkeit des Angebots, die etwas Verlockendes bekam. Es musste so dämlich sein. Doch der Mangel an Intelligenz wäre nebensächlich gewesen, wenn er nicht durch eine zusätzliche Leere ersetzt worden wäre. Denn nicht genug damit, dass die Blicke der Darsteller von fehlender Urteilsfähigkeit zeugten, nein, in ihnen war ein fortgeschrittener Schwachsinn zu lesen, der noch als »Extra«, als Bonus mitgeliefert wurde. Wir hegen alle die Hoffnung, den Kopf zu verlieren. Nun, die Erfüllung dieses Versprechens lag auf den Gesichtern der Darsteller. Die Garantie auf Dummheit erschien mir als der entscheidende Trick bei diesem Genre, viel wirkmächtiger noch als die Nahaufnahmen der entscheidenden Zonen.

Halbtot vor Lust saß ich vor meinem Bildschirm. Eine Intensität, die so schnell auf die Spitze getrieben worden war, dass nichts zu sehen gewesen war, meine Hände hatten sich nicht von der Computertastatur gelöst, keine Bewegung meiner Hüften. Das heißt, was sich im Kopf abspielt, war mir zu selbigem gestiegen und war sodann blitzartig wieder in die betroffene Region hinabgefahren, ich hatte gar nicht die Zeit gehabt, darüber nachzudenken.

Das Restaurant Minh Chau, ein Lokal mit Kantinenflair im Marais. So winzig, dass die Inhaberinnen nur die Arme ausstrecken mussten, um einander die Teller von der Küche in den Essraum weiterzureichen. Wir waren drei verstreute Speisegäste, sofern ein solches Wort an einem solchen Ort überhaupt passend ist, und aßen alle drei das einzige Gericht, Hühnchen mit Ingwer. Es war schon nach Feierabend. Die beiden Chefinnen, Mutter und Tochter, standen hinter der tresenartigen Abtrennung zur Küche und hatten ihren Spaß daran, das Geschehen auf der Straße draußen zu kommentieren. Ein auffallend attraktiver Mann war hereingekommen, hatte unsere interessierten Gesichter gesehen, die schelmischen Mienen der Besitzerinnen und war wieder hinausspaziert, noch eh sie ihm überhaupt mitteilen konnten, dass die Küche bereits geschlossen war. Das hatte uns amüsiert.

Frauen haben die Gabe, miteinander in Kontakt zu kommen. Wir hatten begonnen, uns über die Tische hinweg zu unterhalten. Selbstverständlich taten wir dies, um uns über den Feigling auszulassen, der unseretwegen in Panik geraten war. »Wir hätten ihn schon nicht gefressen«, hatte das hübsche Mädchen zu meiner Rechten bemerkt. Darauf allgemeine Erheiterung, denn das Gegenteil war der Fall, genau das hätten wir vermutlich gemacht. Und hätten ihm dabei nichts erspart. Die Unterhaltung geriet über die Feststellung in Gang, dass die Männer unsere Lüsternheit fürchten. Eine der Besucherinnen stammte aus Korea. In ihrem Land war sie vermutlich eine schamhafte Person. Hier, im Restaurant Minh Chau, fühlte sie sich dazu aufgerufen zu bezeugen, dass das Flair von Ausschweifung, das beim Zusammensein mit Männern aufkam, ihren Ansprüchen nicht genügte. Von dem, was jene verlangten oder auch was sie taten, ging nichts in die Richtung der Phantasien, die sie im Kopf hatte. Die Männer behaupteten, ihre geschlossenen Lider machten sie rasend, doch auf dem Gipfel ihrer Erregung erwiesen sie sich als einseitiger denn ein Vibrator. Die andere, das hübsche Mädchen, hatte ihr Freund angefleht, sie möge ihre Wünsche äußern. Nun wusste sie aber, wusste es mit absoluter Sicherheit, dass dies verhängnisvoll wäre. Dass sie ihm einen Schock fürs Leben versetzen würde. Doch er beharrte hartnäckig darauf, sowohl tagsüber wie auch bei Nacht, und im Endeffekt hatte sie ihm beispielhaft zwei oder drei Dinge genannt, die sie sich vorstellen konnte. Die am wenigsten exzessiven. Insbesondere wünschte sie sich, ihn mit Franco anzusprechen, ihn, den Sohn und Enkelsohn eines spanischen Kommunisten. Er war in einer Weise auf dem Bett erstarrt, die nichts Gutes verhieß. Die Mitteilung, dass seine Bank insolvent sei, hätte diesen Mann nicht heftiger niederschmettern können. Noch schlimmer: Er war nicht von der Überzeugung abzubringen, dass die Ideen, die sie sich da zurechtgesponnen hatte, beim Zusammensein mit anderen Männern entstanden sein mussten, denn er konnte sich nicht vorstellen, wie sie sonst darauf hätte kommen sollen.

Sie wandten sich zu mir um. Und ich, was hatte ich für Erfahrungen? Die zwei Vietnamesinnen tranken ihren Jasmintee aus Inoxtassen und hörten uns zu. Ich offenbarte, dass die Sache in meinem Fall speziell aussähe, da ich bereits seit Jahren keinen Sex mehr hätte. Sie wollten wissen, ob es mir fehlte, ich erwiderte, ich sei derzeit wieder vermehrt für subtile Schwingungen empfänglich. Würde möglicherweise darauf warten, einer verwandten Seele in die Arme zu sinken. Kauerte vielleicht nur lauernd in einem dunklen Winkel, ein ruchloses Subjekt, das sich nicht regt. Die Vietnamesinnen und die beiden Frauen im Gastraum kamen glucksend darin überein, dass meine Geschichte die unerhörteste von allen sei.

VIII

Mit vierundsechzig, nach Jahren der Entsagung, in Sphären weit jenseits der Einsamkeit wurde Axel aus heiterem Himmel von Amors Pfeilen getroffen.

Bois de Boulogne, er zeigte mir Bäume, wie man sie noch nie gesehen hat, einen Mammutbaum und eine Blutbuche, als habe sein frisch aufgelebtes Glück sie aus dem Boden sprießen lassen. Seine Hand ruhte sicher auf meinem Arm, die Tatsache, dass er wieder unter die Lebenden zurückgekehrt war, verlieh seinem Griff ungeahnte Festigkeit. Er hatte die Frau in Deauville kennengelernt, am Ende des Winters, bei Nieselregen. Dass sie ihm ausgerechnet an dem öden, unwirtlichen Strand, in dem von Axel zutiefst verabscheuten Deauville begegnete (er fuhr dort nur hin, um etwas von seinem Enkel zu haben), grenzte an ein Wunder. Sie führte ihren Hund spazieren, schlimmer ging es eigentlich nicht. Sie war an ihm vorübergelaufen, ohne ihn zu bemerken, während er das südländische Profil dieser Frau förmlich mit Blicken verschlungen hatte; die Details à la *Bitterer Reis,* das lange Haar, den Seitenscheitel. Um wettzumachen, dass er mit seinen vierundsechzig Jahren für sie gänzlich uninteressant war, bemerkte er dreist: »He, was ist denn das, nicht mal ein ›Guten Tag‹?« Sie hatte sich umgedreht. Hatte sicherlich erkannt, dass er das Unmögliche wagte. Nun aber, neuerliches Wunder: Sie hatte seinen Vorstoß positiv aufgenommen. Hatte sich erkundigt, wo denn der seine stecke – sein Hund, versteht sich, denn es war auch unausgesprochen klar, dass bei diesem Regen hier keiner so töricht gewesen wäre, sich ohne triftigen Vorwand nach draußen zu begeben. Er hatte vorgeschlagen, einen Wodka Grapefruit trinken zu gehen. Der Hund tollte fröhlich vor ihnen her.

Und nun hatte diese Frau, zurück in Paris, Axel ihr Begehren gezeigt. So unwahrscheinlich dies einem Pessimisten, der seine Zähne für einen echten Fluchtgrund hielt und der einem nach ein bis zwei Gläschen seine Gebrechen aufzählte, auch erscheinen mochte – es gab eine Frau, die sich für ihn interessierte. Er hatte zu bedenken gegeben, dass ein nackter Mann seines Alters kein schöner Anblick sei. Sie hatte völlig gefasst erwidert: »Es geht ja auch nicht darum, schön zu sein, sondern darum zu faszinieren.« Er war Hals über Kopf zum Arzt gestürmt, um sich Viagra zu besorgen. Der Arzt hatte ihm dieses unter unverhohlenen Freudenäußerungen aufgeschrieben und hatte Axel sodann unaufhörlich auf den Rücken geklopft, während er ihn zurück zur Tür begleitete. Das Viagra hatte nicht gewirkt. Axels Angst war mächtiger als die Chemie. Er war versucht gewesen, das Handtuch zu werfen, aber nicht lange. Zunächst einmal hatte die Frau, statt Milde angesichts seines auf halbmast hängenden Gemächts walten zu lassen, erklärt: »So geht das auf keinen Fall. Du kannst dich doch nicht in diesem Zustand einrichten. Das wäre für alle eine Katastrophe.« Das war das erste Mal, dass man ihn ermutigt hatte, indem man ihn anschnauzte. Er rechnete sich aus, wie viel Zeit ihm noch bliebe, bevor er wirklich alt wäre. Und ihm kam wieder ein Satz von Coluche in den Sinn: »Ab und an stellt sich einem die Frage, ob es ein Leben vor dem Tod gibt.« Er hatte unverzüglich einen Sexologen aufgesucht. Der Mann war klein, rundlich, stets zu einem Späßchen aufgelegt, und auch er sprach wohltuend respektlos über Axels Penis. In vergleichbaren Fällen hatte dieser Arzt helfen können, indem er den Patienten täglich, zu verschiedenen Uhrzeiten unter Viagra setzte, so lange – niemals sehr lange –, bis das sexuelle Begehren wieder mit Potenz einherging. Er würde es bei Axel ausprobieren. Und es hatte funktioniert. Axel, der noch ein Jahr bis zur Rente hatte, war plötzlich von kaum zu bezähmendem Verlangen gepackt worden, als seine Assistentin an ihm vorbeilief, die nicht die Frau vom Strand war und nichts Anziehendes an sich hatte, sondern einzig den Vorteil besaß, dass sie sich gerade in der Nähe befand. Um zehn Uhr morgens hatte er sich mit beiden Händen am Wasserspender festhalten müssen, um der Assistentin nicht die Unterschriftenmappe, die sie an ihren Busen gedrückt hielt, aus der Hand zu schlagen. Binnen drei Tagen war seine Besorgnis, keine Erektion zu bekommen, der panischen Angst gewichen, nicht kontrollieren zu können, wann es dazu kam. Dies chaotische Begehren verursachte ihm Herzflattern. Würde er eine Herzattacke erleiden? Nein, es war das Verlangen, das blanke Verlangen, das ihn da attackierte. An einem Spätnachmittag hatte er die Frau vom Strand angerufen. »Ich komme«, hatte er erklärt. Am Morgen darauf hatte er keine Hilfsmittel mehr gebraucht.

Und ich, wo ist meine Wunderpille?« Diese Frage stellte ich Henrietta, als ich ihr von Axels Liebesfreuden erzählte. Sie verkaufte die Wohnung, in der sie aufgewachsen war, im sechsten Arrondissement von Paris, und wir warteten gemeinsam auf den Herrn von der Immobilienagentur. Im Winter war ihre Mutter von einer Aneurysmaruptur dahingerafft worden. Wir standen in dem – in Wirklichkeit so winzigen – Zimmer, in dem ich einst die gigantische Fülle an Lateinstoff wiederholt hatte, in dem ich mich seinerzeit so aufgeplustert hatte. Die mehr als getreue Freundin, diejenige, die *Nachtflug* gelesen hatte, um mich besser zu verstehen, obschon sie eine Phobie gegen Flugzeuge und Gewitter hatte. Diejenige, die eines Tages zu einem unserer Bekannten, der sich zu der anmaßenden Behauptung verstiegen hatte, ich sei keine echte Frau, gesagt hatte: »Halt den Mund, du hast doch keine Ahnung.« Meine Freundin, die für mich die Liebe gewesen war. Ich war beinahe ein Paria gewesen, und sie hatte es fertiggebracht, mich aufzuwerten, hatte den Eindruck vermittelt, meine Andersartigkeit sei eine Wohltat. Wie viel allein das bedeutet, nicht abgeurteilt zu werden. Ihre Urteile wurden nur über die anderen verhängt: »Nicht die Natur entsetzt sich über die Leere, sondern die Gesellschaft, sie selbst. Und die Gesellschaft kann einem doch piepegal sein.« Oder aber: »Du müsstest schließlich wissen, dass man hier niemanden ein paradiesisches Leben führen lässt, zumindest nicht ohne soziale Kontrolle. Du weißt doch genau, wie sie sind!« Oder aber: »Diese anderen, die sich über dich wundern. Du, ja du könntest dich wundern über die Art, wie sie es bei ihren Wortwechseln einander heimzahlen; sie sind irgendwo zu Gast, werfen sich bei Tisch die schlimmsten Grobheiten an den Kopf, und das nennen sie dann Liebe!« Oder aber: »Du lebst nichts, was man sehen kann, also meinen sie, sie müssten dir zeigen, wo's langgeht. Mein Gott, die Überheblichkeit derer, die aktiv zugange sind, hat mich schon immer bestürzt …« Sie hatte meine sämtlichen Verteidigungsargumente für rechtens erklärt.

»Die Wunderpille, das ist das, was in dir schlummert«, erwiderte sie mir. Und wagte sich weiter vor: »Das ist das, was in deinem Blick liegt.« Sie trat unruhig von einem Bein aufs andere, unsicher, was geschehen würde. Was, wenn sie eine Ungeheuerlichkeit geäußert hatte? Sie fragte sich, ob sie gerade eine Tür öffnete oder zuschlug. Meine Ängste, die mich so terrorisierten, dass eine Daunenfeder mich zum Ausrasten bringen konnte. Die radikale Art, mit der ich mich zu verteidigen verstand. Das hatte sie, Henrietta, im Kopf, ihrem scharfen Blick konnten meine von Ablagerungen verkrusteten Bereiche, meine inneren Begrenzungen nicht entgehen. Es war schließlich ihr Beruf, unter dem Lehm vergangener Zeiten die Schätze freizulegen, die die menschliche Geschichtsschreibung ermöglichen. Ihr täglich Brot, mit einer Stirnlampe in die unterirdischen Gänge vorzudringen, in denen die Toten es aufgegeben hatten zu hoffen. Sie förderte das Unbekannte ans Licht. Ja, ich hatte sie sogar im Fernsehen diese verborgenen Schätze heben sehen, sie, die dieses Medium verachtete. Sie hatte dies einzig und allein deshalb getan, um ihrer Sicht auf die Welt zu einer Chance zu verhelfen.

Sie musterte mich aufmerksam, einen liebevoll-herausfordernden Zug um den Mundwinkel, höchst gespannt darauf herauszufinden, was ich imstande sein würde zu verstehen. In dem Zimmer unserer Kindertage stellte ich mich wacker ihrer bedingungslosen Zuneigung. Ich war dünnhäutig, meine Augen füllten sich mit Tränen, früher oder später würden sie fließen. Das, was in mir schlummerte. In meinem Blick. Meine latente Verruchtheit gleichsam ein Geschenk des Himmels.

Carlos zog wieder bei seiner Frau ein. Er hatte es nicht geschafft, sich über den Groll seiner Clique hinwegzusetzen. Nachdem eine Weile lang keiner mehr mit ihm gesprochen hatte, hatten plötzlich alle danach verlangt, ihn zu treffen, in vorwurfsvollem Ton, als sei *er* es, der *sie* schneiden würde, während doch seine verzweifelten Anrufe, in denen deutlich seine seelische Bedrängnis durchklang, wochenlang unerwidert geblieben waren. Er traf seine Kinder in wechselnden Cafés. Allerdings hätte man meinen können, es handle sich um die Besuchszimmer eines Gefängnisses, wenn man sah, hinter welchem Gitter, welcher undurchdringlichen Glaswand sich sein Nachwuchs verschanzte. Er ging wieder fort, den Mantel um die Schultern gezogen, den Kragen hochgeschlagen, um seine abgrundtiefe Betrübnis zu verbergen. Er spürte bohrende Blicke im Rücken, fühlte, wie er erdolcht wurde von den Seinen. Er wandte sich um. Erneute schreckliche Enttäuschung: Die beiden Teenager schauten ihn gar nicht an. Sie hingen am Telefon, weit davon entfernt, ihm ans Leder zu gehen. Wahrscheinlich riefen sie gerade ihre Mutter an.

Und als wäre das nicht schon genug, war er auch noch unvermutet mit einer ganzen Reihe unangenehmer Tatsachen konfrontiert worden. Seine Frau versicherte ihm, dass die Trennung ihn teuer zu stehen kommen würde. Zu jener Zeit erschien Carlos schon im Vorhinein die harmloseste Ausgabe als unüberwindbare Hürde. Er hatte das Gefühl, er würde nichts als Schecks ausstellen, er unterzeichnete sie entnervt, aus einer totalen Abhängigkeit heraus. Er beteuerte mir, dass Geld einen zum Nachdenken bringe.

Kurzum, das Thema Lust schien zweitrangig. Und falls sie sich meldete, dann in ihrer Eigenschaft als Gut, das seinen Kindern und seiner Frau vorbehalten war. Es lag bei ihnen: Waren sie erpicht darauf, ihn wieder bei sich einziehen zu sehen? Das Blatt hatte sich um 180 Grad gewendet. Er hasste das Einzimmerapartment seines Cousins. Er verabscheute die Männer, die seelischen Befindlichkeiten unterworfen waren, er schwor, er habe das hinter sich gelassen. Allem voran aber spie er Gift und Galle gegen Leute, die sich für Pornovideos begeisterten. Dass seine Frau so schamlos gewesen war, die Kinder in ihrer beider Scheitern mit hineinzuziehen, darüber sprach er nicht. Die Fehler lagen allein bei Carlos.

Sein letzter, ein wenig persönlicherer Zweifel betraf seine Fähigkeit, seine Frau zu befriedigen. Doch auch in diesem Punkt hatte er sich selbst konditioniert und legte enorm guten Willen an den Tag. Ja, er konnte sich sogar irgendwie vorstellen, dass sie sich körperlich wieder näherkamen, er würde sich jedenfalls bemühen. Hatte seine Frau durch ihre Weigerung, eine Ehe mit einem Wüstling zu führen, nicht wieder an erotischer Anziehungskraft gewonnen? Es könnte doch wieder ausgesprochen stimulierend sein, seine gesamte Verführungskraft aufzubieten, nach so vielen Jahren, in denen auf der einen Seite sie gewesen war, die wollte, und auf der anderen er, den dies alles anödete. Das Liebesvermögen seiner Frau, das einst panische Angst und Lähmungserscheinungen bei ihm ausgelöst hatte, die Besessenheit, mit der sie erotische Aufmerksamkeiten gefordert hatte, wusste er nun, da ihm all dies durch eine Mauer aus Feindseligkeit versperrt war, wieder neu zu schätzen, und ihm lief förmlich der Geifer im Mund zusammen.

Er kehrte fast schon zufrieden zurück. Danach gelang es über einige Monate hinweg keinem mehr, engeren Kontakt mit ihm aufzunehmen. Wem hätte er auch schon offen sagen können, dass er sich hatte drankriegen lassen? Dass er seine väterliche Autorität gegenüber den Kindern eingebüßt hatte, indem er ihnen unangemessene Macht eingeräumt hatte. Dass die Verwandlung seiner Frau einzig darin bestand, dass sie nörgelte und sich im Kleinen rächte – wobei sie die Erste war, die darunter litt. Wem hätte er anvertrauen sollen, dass das Ganze ein einziges Trauerspiel war?

In jenem Sommer gab es weniger Einladungen in die Ferienhäuser. Das Extraguthaben für Notfälle war aufgebraucht, man forderte mich nicht mehr auf, zu gemeinschaftlichen Unternehmungen dazuzustoßen. Carlos hatte, ehe er in die Nesseln und Dornen seiner Paarbeziehung abtauchte, allen enthüllt, wie sehr ich ihn, mehr als jeder andere, dazu ermuntert hatte, sich zu emanzipieren. Es war offenkundig, dass ich gescheitert war, aber ich stellte trotzdem eine Gefahr dar, ich, die ich mir leicht auch den Ehemann der anderen vorknöpfen und ihn in Sachen Unabhängigkeit unterweisen, ihm die Möglichkeiten des Lebens schmackhaft machen könnte. Unwiderstehliche Möglichkeiten, denn wer hätte sich sonst beunruhigt? Dies fiel mit der Phase zusammen, in der ich meine Weiblichkeit mehr und mehr entfaltete. Sie hatten mir meine Aufmachung der zurückliegenden Jahre vorgeworfen; nun fehlte nicht viel, und sie hätten meinen weiten Hosen nachgetrauert. Man registrierte die Absichten hinter meinen rot lackierten Nägeln, den figurbetonteren Hosen, den Pumps, deren Kauf sie doch selbst angeordnet hatten. Und dann mein Busen und meine Hüften und meine Fesseln. Die Attribute meiner revolutionären Verwandlung blinkten mir nicht nur aus den Spiegeln entgegen, in denen ich mich neuerdings wieder sah, sie signalisierten allen meine Rückkehr. Ich hatte ein Spiegelbild. Ich war wieder da.

Mein ausweichender Blick jener zurückliegenden Jahre hatte als persönliche Schrulle durchgehen können. Die Unbeirrbarkeit, die ihn nun auszeichnete, Indiz für meine Wiederauferstehung, und die Verwegenheit, von der insgeheim alle träumten, katapultierten mich stärker ins Abseits als mein Verhalten zuvor, als ich mich abgesondert hatte. Mein Alleinsein war eine Schwäche gewesen. Heute verlieh dies, durch eine Art Hebelwirkung, meiner Freiheit Kraft. Man forderte mich nicht mehr dazu auf, das sanfte Weibchen zu spielen und den Männern schöne Augen zu machen. Ja, selbst der grimmige Blick eines Wolfs wäre nicht zu verkraften gewesen. Stattdessen versuchte man in Erfahrung zu bringen, ob ich Kinder wollte, und ich begriff, dass zu diesem ach so vernünftigen Lebensplan ein fester Partner gehörte. Es wäre gut, wenn ich nun solide würde. Die Freundin aus Basel, diejenige, die mit ihrem Mann über mein verletztes Schamgefühl phantasiert und mich vor dem »Monsterpark« bedrängt hatte, diese Freundin gab von einem Tag auf den anderen ihre Vorliebe für frivole Experimente auf, nachdem dieser Ehemann, dem wundersamerweise nicht mehr nach einem flotten Dreier zumute war, einen Termin für ein Rendezvous in Paris mit mir alleine festgesetzt hatte – zu dem ich allerdings nicht erschien.

Wenn ich die Straße entlanglief, schienen sich mir auf Schritt und Tritt irgendwelche Chancen zu bieten. Es war tatsächlich so, seit ich Augen für Männer hatte, hatte ich Augen für sie alle. Einer stand in der Bäckerei und durchforstete sämtliche Taschen am Leib auf der Suche nach Geld. Er schob die Hand in seine Hosentasche, und ich hatte den Eindruck, ich sei diejenige, die dort in gewissen Zonen eine Sanftheit fühlte, für die es keine Worte gibt. Und mir kam wieder das Spielzeug eines kleinen Mädchens in den Sinn, ein Silikonball. Es war zu Beginn meiner selbstverordneten Auszeit gewesen, nach dem Wintersportaufenthalt. Die Kleine hatte ihn mir in die offene Hand gelegt und mir versichert, dass er sich köstlich anfühlen würde. Ihr Lieblingsspielzeug. Mich hatte ein wohliger Schauer durchlaufen, als ich die samtige Textur dieses Balles, den man unter Tausenden wiedererkennen würde, zu spüren bekam, und ich fand es unheimlich, dass ein kleines Mädchen empfänglich für seine sinnlichen Reize war.

Ich habe zu keinem Zeitpunkt irgendjemandem davon erzählt. Ab und an wird mir an unschuldigen Bemerkungen von Menschen, die uns nahestehen, klar, wie sehr das Ganze ein Geheimnis ist. Umso besser. Jedes Liebesleben sollte eines sein. Wir waren uns zufällig begegnet, ich am Steuer meines Wagens, mit Kurs auf das Hôtel des Invalides, und er, wie er die Straße überquerte. Ich hatte ihn mitgenommen, das schien das Einfachste. Und anschließend hatten wir uns natürlich für eine Richtung entscheiden müssen. Aufgrund einer außergewöhnlichen Fügung hatten weder er noch ich ein festes Ziel.

Ob die Bande der Ehe nun heilig sind oder nicht, ich sehe sie als das, was sie sind, zwischen zwei Personen geknüpft und mir fremd. Ich habe diesen Mann niemandem geraubt. Er ist mir zugeflogen, und ich habe die Gelegenheit genutzt, um mit ihm zu fliegen. Ich wollte wieder anfangen, meine Körperlichkeit zu leben. Meine Schwingen entfalten. Meine Schulterblätter auseinanderklappen wie in Goa. Und er hatte es erahnt. Hatte es sich seit Monaten vorgestellt. Jedes Mal wenn er in der Nähe meiner Straße vorbeikam, hatte er es sich versagt, mich anzurufen.

Wir waren auf dem Weg zu mir.

Er hatte meine Wohnung inspiziert, sie hatte ihm gefallen. Als hinge dies miteinander zusammen, hatte er gefragt, was geschehen würde, wenn wir uns ineinander verliebten, und hatte sogleich angefügt, dass dies für eine Reihe von Menschen eine Katastrophe wäre. Ohne sie beim Namen zu nennen, hatten wir beide im hintersten Winkel unseres Bewusstsein an diejenigen gedacht, die wir unglücklich machen würden.

Er stand aufrecht vor meinem Bett, ganz ruhig, er hatte wirklich die solide Unerschütterlichkeit eines Bauern.

Ich hatte vorgebaut: »Du weißt ja, Jahre ohne irgendwas, Jahre, in denen ich mein Kopfkissen umarmt habe, an Mohnblumen entlanggestrichen bin, an Marmor geleckt und mir mit weltfernen Phantasien den Geist vernebelt habe. Ich habe kein Privatleben.«

Er hatte erwidert: »Glaub mir, das Privatleben besteht nicht in dem, was man tut, sondern in dem, was man nicht tut.«

Ich hatte weiter vorgebaut, dass ich solche Angst hätte und dass es eine Schande sei, die elementaren Gesten nicht mehr zu beherrschen, vor allem in meinem Alter, und dass ich die Befangenheit der Unfähigen in all ihren Facetten kennte, und dass dies alles sei, wovon ich etwas verstünde, oh Herr!

Darauf er: »Ich war sechs, mein Bruder fuhr mit dem Finger durch eine Flamme und verbrannte sich nicht. Er schwor, dass es ganz einfach sei. Tagelang hatte ich ihn seinen Finger durchs Feuer bewegen sehen, tagelang hatte ich meine Hand der Flamme genähert, und jedes Mal hatte ich mich anders besonnen. Ich hatte meinen Bruder im Verdacht, dass er im Besitz einer geheimen Flüssigkeit war. Er hatte einen Zauberkasten und liebte es, mir Kunststücke vorzuführen. Und dann, eines Tages, konnte ich mich dazu durchringen, es zu versuchen. Er hatte recht, es war ganz leicht, und zudem entdeckte man eine Materie, die den Flammen widerstand. Danach konnte man nicht mehr aufhören damit, es erneut zu machen.«

Und ich fuhr fort, indem ich sagte: »Ich warne dich, ja, ich warne dich, so viele Verwegenheiten sind reine Theorie geblieben, so viele Sinnenfreuden waren letztendlich nicht für mich bestimmt, selbst zu tanzen war eine Lüge, die ich zur Genüge beging. Ich habe Angst, dass das, woran ich denke, zu viel sein könnte. Nimm dich in Acht. Wenn du einen Schritt tust, so wird dies ein Schritt auf eine unsichere Frau zu sein.«

Doch er näherte sich weiter, und mit welcher Ungeduld bewegte ich darauf, sobald es mir möglich war, meine Hand dorthin, wo sie nicht mehr hingewandert war! Ich berührte etwas, was mich enorm beruhigte.